T0209013

essentials

essentials liefern aktuelles Wissen in konzentrierter Form. Die Essenz dessen, worauf es als „State-of-the-Art" in der gegenwärtigen Fachdiskussion oder in der Praxis ankommt. *essentials* informieren schnell, unkompliziert und verständlich

- als Einführung in ein aktuelles Thema aus Ihrem Fachgebiet
- als Einstieg in ein für Sie noch unbekanntes Themenfeld
- als Einblick, um zum Thema mitreden zu können

Die Bücher in elektronischer und gedruckter Form bringen das Expertenwissen von Springer-Fachautoren kompakt zur Darstellung. Sie sind besonders für die Nutzung als eBook auf Tablet-PCs, eBook-Readern und Smartphones geeignet. *essentials:* Wissensbausteine aus den Wirtschafts-, Sozial- und Geisteswissenschaften, aus Technik und Naturwissenschaften sowie aus Medizin, Psychologie und Gesundheitsberufen. Von renommierten Autoren aller Springer-Verlagsmarken.

Weitere Bände in der Reihe http://www.springer.com/series/13088

Silke Bustamante · Andrea Pelzeter
Rudi Ehlscheidt

Bedeutung von CSR für die Arbeitgeberattraktivität

Eine Fallstudien-gestützte Untersuchung

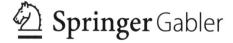

Silke Bustamante
Hochschule für Wirtschaft und Recht
Berlin, Deutschland

Rudi Ehlscheidt
Berlin, Deutschland

Andrea Pelzeter
Hochschule für Wirtschaft und Recht
Berlin, Deutschland

ISSN 2197-6708   ISSN 2197-6716   (electronic)
essentials
ISBN 978-3-658-20296-5   ISBN 978-3-658-20297-2   (eBook)
https://doi.org/10.1007/978-3-658-20297-2

Die Deutsche Nationalbibliothek verzeichnet diese Publikation in der Deutschen Nationalbiblio-
grafie; detaillierte bibliografische Daten sind im Internet über http://dnb.d-nb.de abrufbar.

Springer Gabler
© Springer Fachmedien Wiesbaden GmbH 2018

Gedruckt auf säurefreiem und chlorfrei gebleichtem Papier

Springer Gabler ist Teil von Springer Nature
Die eingetragene Gesellschaft ist Springer Fachmedien Wiesbaden GmbH
Die Anschrift der Gesellschaft ist: Abraham-Lincoln-Str. 46, 65189 Wiesbaden, Germany

Was Sie in diesem *essential* finden können

- Aufgliederung von CSR in Dimensionen und Kriterien, aus der Sicht von (potenziellen) Mitarbeitern
- Psychologische Einordnung der Wirkung von CSR auf die Arbeitgeberattraktivität
- Positive Folgen einer hohen Mitarbeiterbindung
- Relevanz spezifischer CSR-Kriterien für die Mitarbeiterrekrutierung und -bindung
- Ansätze für die CSR-Kommunikation
- Fallbeispiele zur Umsetzung von CSR und den Effekten auf die Mitarbeiterrekrutierung und -bindung

Vorwort

Hilft Corporate Social Responsibility (CSR) bei der Rekrutierung und bei der Bindung von Mitarbeitern? Und wenn ja, welche Teilaspekte aus dem großen Spektrum von CSR sind für die bestehenden und die potenziellen Mitarbeiter besonders relevant?

Diese Fragen waren der Ausgangspunkt für ein Forschungsprojekt, das die Autorinnen Prof. Dr. Silke Bustamante und Prof. Dr. Andrea Pelzeter (Hochschule für Wirtschaft und Recht (HWR), Berlin) gemeinsam mit Prof. Dr. Andreas Deckmann (Beuth Hochschule für Technik, Berlin) im Jahr 2014 angestoßen haben. In diesem Buch lesen Sie von unseren Untersuchungsergebnissen, die dadurch neue und teilweise überraschende Erkenntnisse brachten, dass wir CSR „gegen" die klassischen Qualitäten eines Arbeitsplatzes und eines Unternehmens, wie z. B. Arbeitsklima, Standort, etc. „antreten" ließen. Durch die Methodik einer Conjoint-Analyse wurden unsere Befragten zu einer Auswahlentscheidung veranlasst. So haben wir die relative Wichtigkeit verschiedener CSR- und Nicht-CSR-Bereiche erkennen können (vgl. Kap. 6). In den abschließenden Fallstudien finden Sie Anregungen, wie Sie CSR unternehmensspezifisch ausgestalten und kommunizieren können (vgl. Kap. 7).

Das Forschungsprojekt wäre nicht möglich gewesen ohne die Unterstützung bzw. Förderung durch unsere Hochschulen sowie das Institut für angewandte Forschung (IfaF) Berlin. Als mitwirkenden Praxispartnern gebührt unser Dank den Unternehmen: Alba Group, BIM – Berliner Immobilienmanagement, Leonardo Hotels, Mastiok Baugesellschaft, tjfbg – Technische Jugend-, Freizeit- und Bildungsgesellschaft sowie WISAG. Vor allem aber machte das Projekt Freude durch das interessierte und überaus einsatzbereite Team: Rudi Ehlscheidt, Franziska Freudenberger, Daniel Witt und Lena Burchartz. Letzterer ist für die Mitwirkung an Kap. 7 zu danken. Frau Freudenberger hat Vorarbeiten zum Thema Kommunikation geleistet, Herr Ehlscheidt ist als Mitautor an den Kap. 2 bis 4 beteiligt gewesen.

Wir wünschen Ihnen eine anregende Lektüre

Silke Bustamante
Andrea Pelzeter

Inhaltsverzeichnis

Unternehmen in Deutschland sehen sich einem zunehmenden Wettbewerb um Fach- und Führungskräfte ausgesetzt. Der demografische Wandel bedingt eine Knappheit junger und talentierter Mitarbeiter. Gleichzeitig ist die Wechselbereitschaft von Mitarbeitern in den letzten Jahren gestiegen. Schließlich sind Wissen und Know-how in der Wirtschaft zu einer Schlüsselressource geworden und beeinflussen maßgeblich die Wettbewerbsfähigkeit von Unternehmen. Unternehmen werden sich bewusst, dass Mitarbeiter und deren Management zu einem der wichtigsten Wettbewerbsfaktoren geworden sind.

Vor diesem Hintergrund gewinnen Konzepte zur Mitarbeiterrekrutierung und zur Mitarbeiterbindung immer mehr an Bedeutung. Auf der einen Seite bemühen sich Unternehmen verstärkt darum, sich als attraktiver Arbeitgeber zu positionieren und so potenzielle Mitarbeiter für sich zu gewinnen. Auf der anderen Seite geht es darum, gute Mitarbeiter langfristig zu binden und ihre Kreativitätspotenziale für sich zu nutzen.

Als wichtige Attraktivitätsfaktoren werden neben Aspekten wie Gehalt, Sozialleistungen und Karrieremöglichkeiten immer mehr sogenannte „Soft factors" genannt. Die neuen Arbeitnehmergenerationen sind vernetzt, technikaffin und selbstbewusst. Sie legen Wert auf ihr Privatleben und suchen Sinnstiftung und Identifikation mit ihrem Arbeitgeber. Studien belegen, dass Nachhaltigkeit und Verantwortung von Unternehmen bei der Arbeitgeberwahl eine wichtige Rolle spielen. Auch konnte nachgewiesen werden, dass die Verbundenheit von Mitarbeitern mit ihren Unternehmen positiv beeinflusst wird, wenn Unternehmen sich in ihrem Umfeld und gegenüber den Mitarbeitern als verantwortlich und nachhaltig positionieren können. Unternehmensverantwortung oder „Corporate Social Responsibility" (CSR) scheint für das Personalmanagement und das Employer Branding nicht mehr wegzudenken zu sein. Sie wird immer mehr als Ressource

© Springer Fachmedien Wiesbaden GmbH 2018
S. Bustamante et al., *Bedeutung von CSR für die Arbeitgeberattraktivität*,
essentials, https://doi.org/10.1007/978-3-658-20297-2_1

neuer Art betrachtet (Branco und Rodrigues 2006), die es ermöglicht, Erwartungen von Mitarbeitern und anderen Stakeholdern innovativ und unter Berücksichtigung der gesellschaftlichen und ökologischen Umwelt zu begegnen.

Die Übernahme von Verantwortung für Mitarbeiter und auch für die Gesellschaft ist dabei an sich nicht neu. Bereits im Mittelalter haben Gilden und Zünfte gemeinnützige Aufgaben übernommen und ihre Mitglieder durch die Regulierung von Arbeitszeiten und die Definition von Ausbildungsregeln geschützt. Auch gibt es zahlreiche Beispiele sozial verantwortlicher Unternehmen in der Zeit der Industrialisierung, die sich um Arbeitnehmer und das gesellschaftliche Umfeld aus eigenen Stücken gekümmert haben. Die derzeitige Situation auf dem Arbeitsmarkt, ebenso wie veränderte – auch normative – Ansprüche in der Gesellschaft, macht dieses Thema heute besonders aktuell.

Corporate Social Responsibility umfasst vielfältige Aspekte und Facetten. Welche dieser Aspekte – auch im Zusammenspiel mit anderen klassischen Arbeitgeberattributen – tatsächlich wichtig für die Rekrutierung und Bindung von Mitarbeitern sind, ist wenig erforscht. Unklar ist auch, wie sich das Personalmanagement auf die Anforderungen junger Mitarbeiter einstellen und Führungskonzepte sowie die mitarbeiterbezogene Kommunikation anpassen muss.

Ziel dieses Beitrages ist, die Bedeutung unterschiedlicher Aspekte von CSR für die Attraktivität von Unternehmen als Arbeitgeber herauszuarbeiten und daraus Empfehlungen für das Personal- und CSR Management abzuleiten.

Definition

Die Übernahme von Verantwortung durch Unternehmen bzw. durch die in ihnen handelnden Individuen ist eine zentrale Forderung der (westlichen) Unternehmensethik. In diesem Zusammenhang bedeutet Verantwortung das freiwillige Eintreten für das eigene Tun, Lassen und die Folgen daraus, sowie auch das gewollte (absichtsvolle) Handeln nach verbindlichen sittlichen Grundsätzen.

In der gesellschaftspolitischen Debatte hat die sog. „Corporate Social Responsibility" (CSR) in den vergangenen Jahren eine verstärkte Bedeutung erlangt. Die Europäische Union in ihrer neuen CSR Strategie (2001; 2011) und die Bundesregierung in ihrem „Aktionsplan CSR" (Bundesregierung 2010) fordern von Unternehmen, sich – über gesetzliche Reglungen hinaus – verantwortlich und ethisch zu verhalten. Medien und Öffentlichkeit thematisieren unternehmerisches Fehlverhalten und weisen auf Missstände hin. Für Stakeholder bzw. Anspruchsgruppen ist der verantwortungsvolle Umgang mit ihren Anliegen zu einem wichtigen Faktor der Unternehmensattraktivität geworden (Gardberg und Fombrun 2006).

In der häufig herangezogenen global abgestimmten Richtlinie ISO 26000 wird CSR definiert als „Verantwortung einer Organisation für die Auswirkungen ihrer Entscheidungen und Aktivitäten auf die Gesellschaft und die Umwelt durch transparentes und ethisches Verhalten (…)" (BMAS 2011, S. 11). Die Einhaltung geltenden Rechtes sowie die Berücksichtigung internationaler Normen und Verhaltensstandards (sogenannte „Compliance") werden dabei vorausgesetzt (BMAS 2011, S. 11).

Stakeholder und Handlungsfelder

Unternehmen sollten Erwartungen ihrer Stakeholder berücksichtigen und zur nachhaltigen Entwicklung beitragen. Zu den Anspruchsgruppen werden all jene gezählt, die ein legitimes und berechtigtes Interesse an den Aktivitäten des

© Springer Fachmedien Wiesbaden GmbH 2018
S. Bustamante et al., *Bedeutung von CSR für die Arbeitgeberattraktivität*,
essentials, https://doi.org/10.1007/978-3-658-20297-2_2

3

Unternehmens haben, so zum Beispiel Kunden, Kapitalgeber, der Staat, die allgemeine Öffentlichkeit, aber auch Mitarbeiter eines Unternehmens als interne Stakeholder.

Die Einbeziehung von Stakeholdern und deren Interessen führt im besten Falle zu einer „Win-win-Situation", von der alle profitieren. In diesem Zusammenhang wird auch von der Schaffung von Shared Value gesprochen (Porter und Kramer 2011). Häufig stehen aber Stakeholderansprüche – insbesondere ökonomische und soziale bzw. ökologische Interessen – in Konflikt. CSR erfordert daher die Identifikation und Priorisierung der Interessen betroffener Personengruppen und die gezielte Suche nach einem Ausgleich zwischen unterschiedlichen Interessen unter Hinziehung ethischer Kriterien (Göbel 2006).

Zur besseren Operationalisierung des Konzeptes können Handlungsfelder definiert werden, die Teilaspekte der Verantwortung verdeutlichen. So schlägt die EU (2008) vier Themen- bzw. Handlungsfelder der gesellschaftlichen Verantwortung vor, welche sich auf Mitarbeiter (z. B. Diversity, Gesundheit & Sicherheit), Markt (z. B. verantwortliche Werbung, Richtlinien für Lieferanten, Konsumentenschutz), Gesellschaft (z. B Beiträge zum Gemeinwohl) und Ökologie beziehen (vgl. Abb. 2.1):

Etwas spezifischer identifiziert die ISO 26000 Richtlinie sieben Kernthemen, die in Abb. 2.2 zusammengefasst sind. Die meisten dieser Kernthemen lassen sich mit den Handlungsfeldern der EU zusammenführen. Zusätzlich nennt die ISO 26000 die „Organisationsführung" als zentrales Thema. Sie sichert und integriert alle anderen Teilbereiche der Verantwortung auf der obersten Managementebene und ermöglicht, dass die jeweiligen Ziele in anderen Bereichen dauerhaft umgesetzt werden können.

Der Business Case von CSR

Verfechter der Idee der Unternehmensverantwortung gehen davon aus, dass sich CSR langfristig positiv auf den Unternehmenserfolg auswirkt (Hansen und Schrader 2005; Loew und Clausen 2010a; Porter 1980; Porter und Kramer 2011a, b). Eine Reihe empirischer Studien stützen diese Hypothese – zumindest für bestimmte CSR Bereiche (Cavaco und Crifo 2014; Khan et al. 2015). Einigkeit herrscht dahin gehend, dass CSR in der Regel nicht schadet, sowie darüber hinaus das Potenzial hat, positive Wirkungen zu entfalten (Branco und Rodrigues 2006; Loew und Clausen 2010b).

Dies wird erstens damit begründet, dass CSR die Produktions- oder Nachfragebedingungen von Unternehmen positiv beeinflussen kann. Zum Beispiel können Investitionen in das gesellschaftliche Umfeld den Bildungsstand – und damit auch die Qualifikationen von Mitarbeitern – fördern oder auch die Kaufkraft und die Konsummöglichkeiten verbessern.

Abb. 2.1 Handlungsfelder der CSR gemäß der Europäischen Kommission (Soweit nicht anders angegeben, sind alle Abbildungen eigene Darstellungen)

Zweitens ist CSR häufig mit Effizienzgewinnen (z. B. durch geringeren Verbrauch von Energie, Wasser oder Materialien), Produktivitätssteigerungen (z. B. durch höhere Mitarbeitermotivation) und/oder größerer Innovationsfähigkeit verbunden. Zahlreiche Studien belegen einen positiven Zusammenhang zwischen CSR und Nachhaltigkeitskonzepten sowie der Effizienz von Geschäftsprozessen, der Mitarbeitermoral und der Mitarbeiterloyalität. Der konsequente Dialog mit den Stakeholdern gibt Hinweise auf mögliche Chancen und Risiken und wirkt sich so auf die Innovationskraft aus.

Schließlich wird durch verantwortliches Handeln ein Vertrauensverhältnis zu den Stakeholdern des Unternehmens aufgebaut und eine positive Reputation geschaffen (Nijhof und Srnka 1999). Dies ermöglicht einen leichteren Umgang mit Kapitalgebern, Lieferanten und Marktpartnern und eine Differenzierung im Wettbewerb. Kunden legen zunehmenden Wert auf die Herkunft von Produkten

Abb. 2.2 Kernthemen der CSR gemäß dem ISO 26000 Leitfaden

und Dienstleistungen und die wahrgenommene Integrität der dahinter stehenden Unternehmen und richten entsprechend ihr Kaufverhalten aus (Carroll und Shabana 2010; Sen und Bhattacharya 2001). Auch für aktuelle und potenzielle Mitarbeiter scheinen bestimmte CSR-Aspekte zunehmend wichtig zu sein (vgl. zum Beispiel Bustamante und Brenninger 2014). Teilweise wird von einem Trend zu einer werteorientierten Arbeitswelt gesprochen, in welcher die Möglichkeit, einen sinnvollen Beitrag zum Gesamtwohl zu leisten, eine große Bedeutung hat (eco – Verband der Internetwirtschaft e. V. 2016). Eine Reputation für verantwortliches Handeln und die Verankerung von CSR in der sogenannten „Employer Brand" kann sich daher positiv auf die Rekrutierung und Bindung von Mitarbeiterinnen und Mitarbeitern auswirken (vgl. Kap. 3).

Wirkungen von CSR auf die Arbeitgeberattraktivität

3

3.1 Überblick

CSR wird inzwischen sowohl in der Theorie als auch in der unternehmerischen Praxis eine positive Wirkung auf die Unternehmensattraktivität und in der Folge auf Bewerbungsabsicht (Arbeitssuchende) und Bindung (Mitarbeiter) zugesprochen. Dabei werden unterschiedliche sozial-psychologische Konzepte herangezogen, die diese Wirkung begründen. Unter bestimmten Voraussetzungen beeinflusst die Mitarbeiterbindung wiederum die Arbeitsmotivation, die Kündigungsabsicht, den Absentismus und die Krankheitstage. Einen Überblick über die möglichen Wirkungen von CSR und deren Folgen gibt Abb. 3.1.

3.2 Psychologische Effekte

Solange CSR Maßnahmen das Wohlbefinden von Mitarbeitern direkt beeinflussen, ist die Annahme eines präferenzbildenden Effektes von CSR leicht nachvollziehbar. So werden vergleichsweise hohe Sozialleistungen oder besonders gute Personalentwicklungsmöglichkeiten als Bestandteile der mitarbeiterbezogenen CSR die Arbeitgeberattraktivität und voraussichtlich auch die Mitarbeiterbindung erhöhen.

Für andere CSR-Bereiche (zum Beispiel Umwelt oder Gesellschaft) wird auf komplexe sozial-psychologische Mechanismen rekurriert, die die positive Wirkung von CSR erklären können. Diese lassen sich wie folgt zusammenfassen:

Gemäß der Signaling-Theorie (Spence 1973) kann CSR für Arbeitnehmer ein Signal dafür sein, dass das Unternehmen nicht nur gegenüber der Gesellschaft verantwortlich ist, sondern sich auch als Arbeitgeber fair verhält. Diese Signalfunktion ist vor allem für unternehmensexterne Bewerber relevant, da diese in

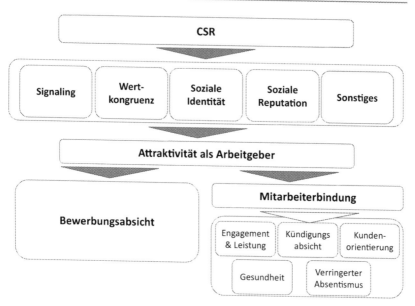

Abb. 3.1 Wirkungen von CSR auf Mitarbeiter

der Regel nur sehr begrenzte Einsicht in die unternehmerischen Abläufe und die Bedingungen am Arbeitsplatz haben. In solchen mit Risiko behafteten Situationen ziehen Individuen häufig Schlüsselinformationen heran, die sie verallgemeinern, um sich – trotz bestehender Informationsdefizite – ein Gesamtbild des Unternehmens machen zu können. Eine dieser generalisierbaren Schlüsselinformationen stellt die wahrnehmbare Verantwortung eines Arbeitgebers dar. So kann beispielsweise von einer besonderen Umweltverantwortung oder von einem besonders guten allgemeinen CSR-Rating auf eine ebenso ausgeprägte Verantwortung gegenüber Mitarbeitern geschlossen werden, welche wiederum auf die zukünftige Arbeitssituation als Mitarbeiter des Unternehmens projiziert wird (Bustamante 2014). Damit hat CSR eine besondere vertrauensbildende Wirkung.

CSR wirkt positiv auf die Unternehmensattraktivität und die Identifikation (potenzieller) Mitarbeiter mit ihrem Arbeitgeber, wenn die durch das Unternehmen kommunizierten und gelebten Werte im Einklang stehen mit den Werten der Mitarbeiter. Diese Erkenntnis ist Ergebnis des Person-Organization-Fit-Ansatz (Kristof 1996), der die Bedeutung der Kompatibilität der Unternehmenswerte mit den individuellen Werten von Arbeitnehmern betont. Grundlegend dafür ist die (sozial-)psychologische Auffassung, dass Mitarbeiter niemals nur aufgrund ihrer

Persönlichkeitsstruktur handeln, sondern sich stets in einem sozialen Rahmen bewegen, mit dem die Persönlichkeit in Interaktion steht, und dadurch bestimmte/s Handeln, Emotionen und Erlebnisqualitäten hervorbringt. Wenn also die durch CSR signalisierten Werte des Unternehmens mit den individuellen Werten der Mitarbeiter und potenzieller Bewerber übereinstimmen, wird es wahrscheinlicher, dass Mitarbeiter sich mit ihrem Arbeitgeber identifizieren (Kim et al. 2010).

Letzteres ist auch dann der Fall, wenn das Unternehmen durch seine CSR-Aktivitäten bzw. Werte eine positiv besetzte „soziale Kategorie" für die (potenziellen) Mitarbeiter darstellt. Gemäß der „Social Identity Theorie" (Tajfel und Turner 1986) haben Menschen ein Bedürfnis zur psychologischen Selbstaufwertung durch die Mitgliedschaft in einer als positiv wahrgenommenen sozialen Gruppe (z. B. Freundeskreis, Familie), Organisation (z. B. Verein, Unternehmen) oder Nation. Die Mitarbeit bei einem Unternehmen, welches – durch seine CSR bezogenen Werte – dieser Wahrnehmung entspricht, kann also zu einer Erhöhung des psychologischen Selbstwertes führen, und so einen positiven Einfluss auf die Identifikationsbereitschaft der Mitarbeiter mit ihrem Arbeitgeber haben.

Darüber hinaus wird davon ausgegangen, dass die Mitgliedschaft in einer sozialen Einheit (zum Beispiel einem Unternehmen) zu einer positiven sozialen Reputation führen kann, sofern diese Einheit von dem informellen Netzwerk der betreffenden Person anerkannt ist. Da Menschen als soziale Wesen ein Bedürfnis nach positiver Anerkennung haben, ist es für sie erstrebenswert, Teil einer Gruppe mit sozialem Ansehen zu sein. Wenn zum Beispiel Umweltschutz im informellen Netzwerk eines Individuums eine große Rolle spielt, führt eine Tätigkeit beim Bund für Umwelt- und Naturschutz (BUND) voraussichtlich zu einer Erhöhung der sozialen Reputation. Die Folge ist in der Regel auch hier eine größere emotionale Identifikation mit dem Unternehmen.

Einige Wissenschaftler schließlich argumentieren, dass positive Wirkungen von CSR – wie z. B. Commitment, Arbeitszufriedenheit und Leistung – aus einem intrinsischen Gerechtigkeitsgefühl von Individuen resultieren, welches durch eine wahrgenommene Fairness und Verantwortung von Unternehmen Bestätigung erfährt (Rupp et al. 2006).

3.3 CSR und Bewerbungsabsicht

Unternehmen versuchen zunehmend, sich gegenüber ihren Wettbewerbern auf dem Markt für Arbeitssuchende zu differenzieren. Dies kann einerseits über die Kommunikation nutzenstiftender Aspekte der Personalpolitik erfolgen, welche teilweise der mitarbeiterbezogenen CSR zuzurechnen sind. Wie das Arbeitsumfeld und die

Arbeitsbedingungen im Unternehmen tatsächlich sind, ist für Bewerber aber häufig nicht sichtbar. In diesem Fall kann sich die glaubhafte Vermittlung des Bildes eines sozial und ökologisch verantwortlichen Unternehmens positiv auf Arbeitssuchende wirken, wenn diese davon ausgehen, dass sich diese Verantwortung auch auf die Mitarbeiter erstreckt (Signalwirkung von CSR). Schließlich wertet CSR potenziell die soziale Einheit „Arbeitgeber" auf und macht sie für psychologische Identifikations- und Reputationszwecke attraktiver – zumindest so lange, wie die damit verbundenen Werte im Einklang mit denen der Arbeitssuchenden stehen.

3.4 CSR und Mitarbeiterbindung

Die Bindung von Mitarbeitern ist für viele Unternehmen zu einem wichtigen personalpolitischen Ziel geworden. Durch Fluktuation geht Erfahrungs- und Expertenwissen sowie Netzwerkkapital verloren; die Suche nach geeigneten Nachfolgern gestaltet sich häufig schwierig und ist mit hohen Such-, Akquise- und Einarbeitungskosten verbunden. In diesem Zusammenhang sind verschiedene Arten der Bindung – oder auch des Commitments – zu differenzieren (Allen und Meyer 1990a, b; van Dick 2004), auf welche CSR in unterschiedlicher Art wirkt[1] und die sich auch bzgl. ihrer Folgen unterscheiden:

Die normative Bindung bezeichnet eine soll-basierte Bindung des Arbeitnehmers an seinen Arbeitgeber (Allen und Meyer 1990b). Der Mitarbeiter fühlt sich moralisch verpflichtet, seinem Unternehmen treu und loyal verbunden zu bleiben. Eine wichtige Ursache hierfür stellen die im Laufe des Beschäftigungsverhältnisses getätigten Investitionen des Arbeitgebers in den Arbeitnehmer dar, durch welche der Mitarbeiter sich gegenüber dem Unternehmen in der Schuld fühlt. Solche Investitionen sind häufig Ergebnis mitarbeiterbezogener Verantwortung, sodass dieser Bereich der CSR potenziell die normative Mitarbeiterbindung erhöht.

Die kalkulatorische Bindung, auch als abwägende oder fortsetzungsbezogene Bindung bezeichnet, fußt auf einer Abwägung der Vor- und Nachteile des Mitarbeiters bei Verlassen oder Wechsel des Arbeitgebers (Meyer und Allen 1997). Dabei spielen sowohl offensichtliche und kalkulierbare Größen eine Rolle (z. B. Gehaltsunterschiede), als auch solche, die der Arbeitnehmer vorab nur abschätzen kann (z. B. Arbeitsklima). Auch die kalkulatorische Bindung wird vor allem

---

[1]In der Literatur wird bei dieser Differenzierung in der Regel von „Commitment" gesprochen. Sieht man von der – hier nicht thematisierten – vertraglichen Bindung ab, haben diese Begriffe allerdings eine sehr ähnliche bzw. weitestgehend gleiche Bedeutung. Im Weiteren wird daher einheitlich der Begriff der Bindung gewählt.

durch Aspekte der mitarbeiterbezogenen CSR beeinflusst. Darüber hinaus kann der Aspekt der sozialen Reputation eine Rolle für die kalkulatorische Bindung spielen – Mitarbeiter bleiben bei einem für seine ökologische und soziale Maßnahmen bekannten Unternehmen, da sie vermuten, dass sich die positive Reputation des Unternehmens positiv auf das eigene Ansehen auswirkt.

Die affektive oder emotionale Bindung hat die Gefühle des Mitarbeiters als primäre Grundlage. Eine hohe affektive Bindung schlägt sich psychologisch in einer emotionalen Verbundenheit des Arbeitnehmers zu seinem Arbeitgeber nieder. Die Organisation hat dabei einen hohen persönlichen Stellenwert für den Mitarbeiter. Im Sinne des oben beschriebenen psychologischen Wirkungszusammenhangs zur Identifikation mit positiv wahrgenommenen, sozialen Einheiten, neigt der Mitarbeiter dazu, sich mit und über seinen Arbeitgeber zu identifizieren. Damit wird das Unternehmen ein wichtiger Teil des Selbstkonzeptes und zugleich zum psychologischen Vehikel für die Befriedigung des eigenen Selbstaufwertungsbedürfnisses. Im Ergebnis hat der Angestellte den Wunsch, auch zukünftig dem Unternehmen anzugehören. Gemäß der oben beschriebenen Social Identity und Person-Organization Fit Theorien wirkt CSR dann positiv auf die affektive Bindung, wenn die damit verbundenen Werte im Einklang mit denen des Mitarbeiters und seines sozialen Umfeldes stehen.

3.5   Positive Folgen der Mitarbeiterbindung

Abgesehen von der qua Definition innewohnenden Kernfunktion der Mitarbeiterbindung, der verringerten Neigung zum Verlassen des Unternehmens, hat die wissenschaftliche Forschung weitere positive Effekte identifiziert, welche vor allem mit der emotionalen Bindung von Mitarbeitern einhergehen. So sind Mitarbeiter mit hoher emotionaler Bindung in der Regel zufriedener, engagierter und leistungsbereiter als weniger verbundene Kollegen. Sie partizipieren mehr am organisatorischen Geschehen und können damit auch ihre eigenen Wissensressourcen produktiv in die Entscheidungs- und Handlungsabläufe einbringen (Meyer et al. 2002). Neben der höheren Leistung in ihren formal festgeschriebenen Arbeitsbereichen erfüllen emotional gebundene Mitarbeiter darüber hinaus häufig noch sogenannte Extra-Rollen-Erwartungen (Luchak und Gellatly 2007). Dies drückt sich in der freiwilligen Übernahme von außerhalb der Reihe auftretenden Arbeitsaufträgen aus und ist in einem dynamischen, unternehmerischen Umfeld besonders wichtig.

Emotional gebundene Mitarbeiter fehlen weniger. Dies ist zum einen darauf zurückzuführen, dass sie ihr Arbeitsleben weniger konflikt- und stressbeladen empfinden als andere und in der Folge weniger krank sind. Aber auch Fehlzeiten, die auf private und motivationale, organisationsexterne Ursachen zurückzuführen sind, sind bei diesen Mitarbeitern weniger zu beobachten (Eby et al. 1999; Meyer et al. 2002). Schließlich konnte nachgewiesen werden, dass sich eine hohe emotionale Verbundenheit positiv auf das Verhalten gegenüber den Kunden auswirkt und die Kundenorientierung stärkt (Chang und Lin 2008).

Gestaltung der Arbeitgeberattraktivität mit CSR

4

4.1 Überblick

Unternehmen haben unterschiedliche Möglichkeiten, ihre Attraktivität als Arbeitgeber durch CSR zu gestalten:

1. Gestaltung der Attraktivität des Arbeitsplatzes durch Anpassung seiner Charakteristika an die Erfordernisse des Marktes – zum Beispiel durch verantwortliches Personalmanagement und andere CSR Aspekte (Bustamante und Brenninger 2014)
2. Gestaltung der Unternehmensidentität durch Verankerung von CSR und Sicherstellung verantwortlichen Verhaltens von Mitarbeitern (Bustamante 2015)
3. Integration von CSR in die auf Mitarbeiter gerichtete, interne und externe Kommunikation

Diese Maßnahmen sind eng mit dem Employer Branding verwoben. Sie betreffen einerseits die Gestaltung der Identität eines Unternehmens und die Anpassung an die Erfordernisse der Zielgruppe, andererseits die Kommunikation dieser Attribute an derzeitige und potenzielle Mitarbeiter.

4.2 Gestaltung der Attraktivität des Arbeitsplatzes durch CSR

Sowohl mitarbeiterbezogene CSR als auch andere CSR Aspekte beeinflussen potenziell die Attraktivität eines Unternehmens als Arbeitgeber (vgl. Abschn. 3.2). Mitarbeiter identifizieren sich unter Umständen besser mit verantwortlichen Unternehmen und arbeiten mit einer höheren Motivation; potenzielle Arbeitssuchende

© Springer Fachmedien Wiesbaden GmbH 2018
S. Bustamante et al., *Bedeutung von CSR für die Arbeitgeberattraktivität*,
essentials, https://doi.org/10.1007/978-3-658-20297-2_4

sehen darüber hinaus CSR als Signal, dass sich das Unternehmen als Arbeitgeber fair verhält. Mitarbeiterbezogenen Verantwortung spiegelt sich in einem „verantwortlichen" Personalmanagement wider. Dieses impliziert, dass Mitarbeiter fair geführt und gesteuert werden und Mitarbeiterinteressen im Arbeitsalltag Berücksichtigung finden. Eine Reihe international anerkannter Standards thematisiert diese Verantwortung. Zum Beispiel identifiziert die ISO 26000 Kernthemen des verantwortlichen Personalmanagements in den Dimensionen „Arbeitsbedingungen" und „Menschenrechte". Die Norm SA8000 beschäftigt sich mit Arbeitsbedingungen und definiert Mindestanforderungen an Arbeits- und Sozialstandards:

[Wichtige Aspekte des verantwortlichen Personalmanagements]
- keine Kinder- und Zwangsarbeit
- Sicherheit und Gesundheit von Mitarbeitern
- Work-Life-Balance/Familienfreundlichkeit
- Beschränkung von Überstunden
- Fairness und Antidiskriminierung; Diversity
- keine physischen oder psychischen Bestrafungen
- Vereinigungsfreiheit/Erlaubnis von Gewerkschaften
- Arbeitsplatzsicherheit
- Sozialleistungen und Unterstützung von Mitarbeitern
- Personalentwicklungs- und Weiterbildungsmöglichkeiten
- Beachtung der Menschenrechte in der Wertkette

Andere CSR Aspekte, wie beispielsweise faires Verhalten im Markt oder gegenüber der Umwelt, können aufgrund ihres Identifikationspotenzials sowie ihrer vertrauensschaffenden Signalwirkung und vertrauensbildenden Wirkung die Attraktivität des Unternehmens als Arbeitgeber erhöhen.

4.3 Steuerung verantwortlichen Verhaltens von Mitarbeitern

Neben der Gestaltung der Attribute des Arbeitsplatzes ist es wichtig, dass sich CSR auch im Verhalten derzeitiger Mitarbeiter und Führungskräfte widerspiegelt. Mitarbeiter verkörpern mit ihrem Handeln und Verhalten die Identität eines Unternehmens und tragen zur Kommunikation seiner Werte bei.

Aus diesem Grund ist es Teil einer gelebten CSR Strategie, Mitarbeiter und Führungskräfte zu verantwortlichem Verhalten zu befähigen und zu motivieren

(Göbel 2006). Erstens müssen Institutionen geschaffen werden, die verantwortliches Verhalten fördern und unterstützen. Dazu gehören zum Beispiel die Formulierung von Werten und Leitlinien, die Etablierung von Strukturen, die die Berücksichtigung von Stakeholder-Anliegen ermöglichen, die Integration von ökologischen und sozialen Zielen in Bonus- und Anreizsysteme und die Anpassung von Kriterien der Mitarbeiterselektion und -Beförderung. Zweitens sollten Werte und Kodizes regelmäßig kommuniziert und vorgelebt werden. Schließlich ist es sinnvoll, Mitarbeiter im Rahmen von Trainings für mögliche Konfliktsituationen zu sensibilisieren (Bustamante 2015).

4.4 Kommunikation von CSR

Voraussetzung dafür, dass CSR sich positiv auf die Rekrutierung und Bindung von Mitarbeitern auswirkt ist, dass Mitarbeiter die CSR Attribute eines Unternehmens auch wahrnehmen. Dazu ist die Integration der entsprechenden Botschaften in die interne und externe Kommunikation erforderlich.

Im Bereich des Personalmarketings erfolgt die externe Kommunikation in der Regel über langfristig ausgerichtete Arbeitgeber-Imagewerbung oder über kurzfristig ausgerichtete Personalsuchwerbung. Ziel der Arbeitgeberimage-Werbung ist eine Beeinflussung von Einstellungen, Meinungen und Entscheidungsverhalten der angesprochenen Zielgruppen. Neben externen Adressaten sind auch derzeitige Mitarbeiter potenzielle Ansprechpartner der Imagewerbung. Instrumente sind zum Beispiel der Internetauftritt des Unternehmens, Unternehmensveranstaltungen, Firmenpräsentationen, Portraits in Karrierebüchern, Social Media oder auch die Teilnahme an Arbeitgeberrankings oder Arbeitgeber Awards.

Bei der Personalsuchwerbung geht es um die kurzfristige Akquise neuer Mitarbeiter mittel Stellenanzeigen in Printmedien, Stellenschaltung in Jobbörsen und auf der eigenen Homepage, oder der Nutzung von Plakaten in Außenbereichen (Petkovic 2008).

Die interne Mitarbeiter-gerichtete Kommunikation umfasst den Teil der unternehmensseitigen Kommunikation, welcher an die Mitarbeiter adressiert ist. Ein wichtiger Bestandteil der internen Kommunikation ist die direkte Kommunikation mit den Mitarbeitern. Daneben spielen Mitarbeiterzeitungen, Newsletter und das Intranet eine wichtige Rolle. Tab. 4.1 gibt einen Überblick über mögliche Wege der internen und externen Kommunikation von CSR.

Tatsächlich integrieren bisher nur wenige Unternehmen CSR Botschaften bewusst in ihre Positionierung als Arbeitgeber. Über CSR wird – wenn überhaupt,

Tab. 4.1 Mögliche Kommunikationswege für CSR-Aktivitäten

Kommunikationswege intern	Kommunikationswege extern
• Aktionsprogramme	• Broschüren (Imagebroschüre, Mitarbeiterbroschüre
• Meetings/Teamrunden	etc.)
• Mitarbeitergespräche	• Nachhaltigkeitsbericht, Geschäftsbericht
• Emails/Rundmail	• Imagevideos, Azubi-Filme
• Newsletter	• Kooperationen mit Hochschulen/Coachings mit
• Thementage und Veranstaltungen	Schülern
• Intranet	• Messen
• Mitarbeiterzeitung	• Jobbörsen
• Schwarzes Brett/Aushänge	• Vorträge
• Broschüren (Imagebroschüre,	• Social Media
Mitarbeiterbroschüre etc.)	• Presse
• Wiki	• Website
• Website	• Webportale
• Geschäftsführerrundschreiben	• Anzeigen
• Workshops	• Stellenausschreibungen
• Bildschirmschoner	• Bewerbungsgespräche
	• „Mundpropaganda"

eher übergreifend und gerichtet an verschiedenen Stakeholder eines Unternehmens – informiert. Abb. 4.1 zeigt die Ergebnisse einer Unternehmensbefragung zur Nutzungsintensität unterschiedlicher Instrumente der CSR Kommunikation.

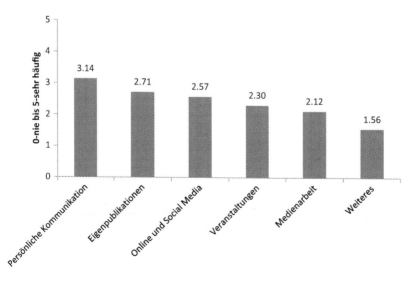

Abb. 4.1 Mittelwerte der Nutzungsintensität von CSR-Kommunikationsinstrumenten. (Quelle: Befragung von 216 Unternehmen im Forschungsprojekt MitCSR)

Das Forschungsprojekt MitCSR

5

5.1 Ausgangslage und Zielstellung

Gerade für kleinere und mittelständische Unternehmen in Deutschland wird es zunehmend schwieriger, geeignete Fachkräfte für sich zu gewinnen und an sich zu binden. Gleichzeitig legen die dargestellten psychologischen Erkenntnisse nahe, dass CSR die Attraktivität von Unternehmen in den Augen dieser Fachkräfte steigert und zu einer höheren Bindung von Arbeitnehmern an das Unternehmen führen kann.

Ziel des Forschungsprojektes MitCSR war es daher, in Zusammenarbeit mit Partnern aus der Unternehmenspraxis die Potenziale von CSR zur Mitarbeiterrekrutierung und -bindung aus Sicht von eher mittelständisch geprägten Unternehmen in Deutschland im Detail zu analysieren und daraus praktische Empfehlungen für Unternehmen abzuleiten.

Unter anderem sollte erforscht werden:

- ob CSR tatsächlich für (potenzielle) Arbeitnehmer eine wesentliche Rolle spielt – insbesondere im Vergleich zu anderen möglicherweise relevanten Arbeitgeberattributen
- ob es Zusammenhänge gibt zwischen der CSR-Performanz von Unternehmen, der Zufriedenheit mit dieser Performanz durch die Mitarbeiter und dem Commitment dieser Mitarbeiter
- welche Aspekte von CSR von (potenziellen) Arbeitnehmern besonders geschätzt werden
- ob bestimmte Gruppen von Arbeitnehmern ausgeprägtere CSR-Präferenzen haben als andere

© Springer Fachmedien Wiesbaden GmbH 2018
S. Bustamante et al., *Bedeutung von CSR für die Arbeitgeberattraktivität,*
essentials, https://doi.org/10.1007/978-3-658-20297-2_5

- ob die Art und Intensität der Kommunikation die Wahrnehmung und Zufriedenheit mit der CSR-Performanz aus Sicht der Mitarbeiter beeinflusst
- welche Wirkung CSR auf die Mitarbeiterrekrutierung hat

5.2 Mitwirkende im Forschungsprojekt

Das Forschungsprojekt startete in 2014 unter Beteiligung der Hochschule für Wirtschaft und Recht (HWR) sowie der Beuth Hochschule für Technik, beide in Berlin und wurde durch das Institut für angewandte Forschung Berlin (IfaF) gefördert. Als Praxispartner sind die folgenden Unternehmen zu nennen:

- ALBA Group
- BIM – Berliner Immobilienmanagement GmbH
- Leonardo Hotels – Sunflower Management GmbH & Co. KG
- Mastiok Baugesellschaft mbH
- Technische Jugendfreizeit- und Bildungsgesellschaft (tjfbg) gGmbH
- WISAG Gebäudereinigung Holding GmbH & Co. KG

Die Praxispartner haben an dem Projekt als regelmäßige Gesprächspartner sowohl durch die Überprüfung des Forschungslayouts hinsichtlich seiner Praxisrelevanz und Übertragbarkeit auf verschiedene Branchen, als auch durch Ermöglichung von Interviews und Mitarbeiterbefragungen mitgewirkt.

5.3 Systematik der Untersuchung

CSR-Trias und deren Messung
Die Analyse der Fachliteratur zeigte, dass die Wirkung von CSR stets auf der Basis der Wahrnehmung der Arbeitgeber-CSR durch die Mitarbeiter erforscht wurde. Tatsächlich können aber CSR-Wahrnehmung und tatsächliche CSR-Leistung des Unternehmens divergieren, wenn CSR-Aktivitäten nicht ausreichend oder ggf. sogar zu viel kommuniziert werden. Der Kommunikation kommt daher eine besondere Bedeutung zu: Erstens dient sie als Instrument, die faktische Leistung nach außen sichtbar und wahrnehmbar zu machen (Baumgarth und Binckebanck 2011). Zweitens kann es bei fehlender Übereinstimmung zwischen kommunizierter und gelebter, tatsächlicher CSR zu negativen Auswirkungen auf die Einstellung der Adressaten gegenüber dem Unternehmen kommen (Sen et al. 2009; Hansen et al. 2011).

Aus diesem Grund wurde im Rahmen des Forschungsprojektes eine sogenannte CSR-Trias definiert. Darin beeinflussen die CSR-Performanz und
CSR-Kommunikation die CSR-Wahrnehmung seitens der aktuellen sowie der
potenziellen Mitarbeiter. Die wahrgenommene CSR-bezogene Leistung wird mit
den individuellen Erwartungen verglichen (Becke 2008; Süß 2007). Eine positive Wirkung von CSR auf die Mitarbeiterrekrutierung und -bindung entsteht nur,
wenn diese Erwartungen erfüllt bzw. übertroffen werden (vgl. Abb. 5.1).

Im Rahmen des Forschungsprojektes wurden die einzelnen Variablen wie folgt
definiert und gemessen:

Abb. 5.1 CSR-Trias

Die CSR-Performanz bezeichnet die tatsächliche CSR-Leistung eines Unternehmens, welche über das gesetzlich vorgegebene und ökonomisch erforderliche Maß der Verantwortungsübernahme hinausgeht. CSR-Kommunikation

Die CSR-Kommunikation umfasst den Teil der unternehmensseitigen Kommunikation, welcher an die Mitarbeiter adressiert ist und über die Art und das Ausmaß der CSR-Tätigkeiten des Unternehmens berichtet. CSR-Wahrnehmung durch die Mitarbeiter

Als CSR-Wahrnehmung wird hier das im Mitarbeiter entstandene Bild der CSR-Aktivitäten, Prinzipien und Regeln im Unternehmen verstanden. Dieses kann von der CSR-Performanz abweichen genauso wie von den zu CSR kommunizierten Inhalten. Erwartungen der Mitarbeiter

Die Wichtigkeit einzelner CSR Attribute im Vergleich zu anderen, nicht CSR bezogenen Attributen lässt sich anhand der Erhebung von Erwartungen bzw. Präferenzen feststellen (Turker 2009).

CSR und Nicht-CSR Dimensionen
Um die Wirkungen von CSR besser analysieren zu können, wurden 5 Teilbereiche bzw. Dimensionen der CSR definiert, welche die oben beschriebenen Systematisierungen der Europäischen Kommission und der ISO 26000 zusammenführen. Zusätzlich wurden zwei „Nicht-CSR Dimensionen definiert, welche allgemeine Attribute bzw. Kriterien enthalten, die für die Attraktivität eines Unternehmens wichtig sein können".

Für die CSR Dimensionen wurden Unterthemen bzw. Kriterien definiert, welche aus den normativen Grundlagen der ISO 26000, der Global Reporting Initiative und der wissenschaftlichen Fachliteratur abgeleitet und im Rahmen von Workshops mit den Praxispartnern auf die als am Wichtigsten erachteten reduziert wurden (vgl. Tab. 5.1). Die Attribute für die Nicht-CSR Dimensionen wurden aus existierenden Arbeitgeberrankings entnommen.

Die Kriterien wurden auf die jeweilige Befragung abgestimmt. So wurden für die Selbstbewertung der der CSR Performanz 110 qualitative und quantitative Indikatoren erhoben; deutlich weniger Kriterien und Attribute wurden bei den qualitativen und quantitativen Mitarbeiterbefragungen verwendet.

Qualitative Befragung in den Unternehmen
Für die Untersuchung wurde eine Mischung aus qualitativen und quantitativen Erhebungen genutzt, die die profunde Analyse von ausgewählten Unternehmen (Methode der Fallstudie) erlauben. Folgende qualitative Untersuchungen wurden durchgeführt (Pelzeter et al. 2015):

Tab. 5.1 CSR Dimensionen und Kriterien

CSR	Mitarbeiter	z. B. Sicherheit und Gesundheit, Work-Life Balance, Gleichberechtigung & Antidiskriminierung, faire Arbeitsbedingungen
	Markt	z. B. Fairer Wettbewerb, Fairness gegenüber Partnern und Lieferanten, Konsumenten- und Verbraucherschutz
	Umwelt	z. B. Energiebedarf, -effizienz und mix, Umweltwirkungen der Produkte, Emissionen
	Gesellschaft	z. B. unternehmerisches Engagement, Corporate Volunteering
	Unternehmensführung	Transparenz nach innen und außen, Kontrollmechanismen, Berücksichtigung von Stakeholderinteressen
Nicht-CSR	Unternehmensattraktivität	z. B. Standort, Internationalität, Kreativität und Innovation, Zukunftssicherheit und Stabilität
	Arbeitsplatzattraktivität	z. B. Gehalt und materielle Aspekte, Karrieremöglichkeiten, Arbeitsklima

- Interviews mit Unternehmensleitung/leitenden Angestellten/CSR-Verantwortlichen
- Selbsteinschätzung aus Sicht der Unternehmensleitung zur CSR-Performanz
- Gruppen-Interviews mit Mitarbeitern
- Analyse der Website-Inhalte der Unternehmen zu CSR
- Selbsteinschätzung aus Sicht der Unternehmensverantwortlichen zur CSR-Kommunikation.

Quantitative Befragung mit Conjoint Analyse

Auf den Erkenntnissen der Fallstudien aufbauend wurde eine Befragung für alle Mitarbeiter der sechs Unternehmen sowie für Studierende in ihrem letzten Studienjahr erarbeitet, die als Kern eine sogenannte adaptive Conjoint-Analyse umfasst. Mit dieser Technik konnten die relativen Nutzenbeiträge der insgesamt 28 Einzelattribute in den identifizierten CSR und Nicht-CSR-Dimensionen erhoben werden.

Darüber hinaus wurden allgemeine sozio-demografische Daten (Geschlecht, Alter, etc.), Werte und Einstellungen sowie CSR spezifische Erfahrungen und Kenntnisse abgefragt.

Bei den Mitarbeitern wurde zusätzlich die Zufriedenheit mit der Leistung des Unternehmens in den 5 CSR Dimensionen und ihre emotionale Bindung an das Unternehmen erhoben. Letztere wurde mit einer validierten 15-teiligen Fragebatterie erfasst, aus der Gesamt-Commitment-Wert für jeden Mitarbeiter errechnet werden konnte.

Die Bedeutung von CSR für Arbeitnehmer – Empirische Ergebnisse

6

6.1 Überblick

Eine wesentliche personalpolitische Frage ist die, welche Kriterien Arbeitssuchende anlegen, um sich bei einem Arbeitgeber zu bewerben, und welche Aspekte wichtig sind, um Mitarbeiter bei einem Unternehmen zu halten. Theoretische Modelle legen dabei einen positiven Einfluss von CSR auf die Unternehmensattraktivität – und damit auf Bewerbungsabsicht und Mitarbeiterbindung nahe (vgl. Kap. 2). Zahlreiche empirische Studien belegen diese Wirkungen. Im Rahmen des Forschungsprojektes MitCSR wurde analysiert, ob und welche CSR-Themen tatsächlich für potenzielle Mitarbeiter wichtig sind und zwar auch dann, wenn sie im Vergleich zu anderen möglichen Unternehmensattributen wie z. B. Gehalt, Arbeitsklima oder Zukunftsfähigkeit stehen. Darüber hinaus sollten mögliche Wirkungen von CSR auf das Commitment und die Bindung von Mitarbeitern untersucht werden.

Im Folgenden werden die Ergebnisse aus ausgewählten empirischen Studien den Ergebnissen des Forschungsprojektes gegenübergestellt. Dabei werden die Ergebnisse der quantitativen Mitarbeiter- und Studierendenbefragung zusammengefasst dargestellt, da die Unterschiede zwischen diesen beiden Gruppen sehr gering sind.

6.2 Welche Aspekte sind wichtig bei der Arbeitgeberwahl?

Eine Reihe empirischer Studien haben die Wirkung von CSR bei der Arbeitgeberwahl analysiert (z. B. Albinger und Freeman 2000; Backhaus et al. 2002; Evans und Davis 2011; Kim und Park 2011). Fast ausnahmslos wurde dabei ein positiver

23

© Springer Fachmedien Wiesbaden GmbH 2018
S. Bustamante et al., *Bedeutung von CSR für die Arbeitgeberattraktivität*,
essentials, https://doi.org/10.1007/978-3-658-20297-2_6

Einfluss auf die Unternehmensattraktivität und die Bewerbungsabsicht identifiziert. In der Regel wurden Studierende wirtschaftlicher Studiengänge befragt, teilweise auch Studierende von Masterprogrammen. Die gewählte Methodik, ebenso wie die Definition und Unterteilung von CSR, variiert bei diesen Studien stark. Teilweise wird CSR auf „Corporate Citizenship" reduziert. Nur wenige der bisherigen Studien erlauben Rückschlüsse auf die Bedeutung bestimmter Themenfelder von CSR, sodass die Ableitung von CSR-bezogenen und personalpolitischen Maßnahmen erschwert wird. Hinzu kommt, dass andere präferenzbildende Attribute nicht oder nur rudimentär berücksichtigt werden.

Im Unterschied zu den bisherigen Studien lag der Fokus des Projekts MitCSR auf dem deutschsprachigen Raum. Auch wurden unterschiedliche CSR-Bereiche definiert und durch Kriterien operationalisiert. Die Mittelwerte der relativen Nutzenbeiträge der 5 CSR- und 2 Nicht-CSR-Bereichen zuzurechnenden Attribute sind in Abb. 6.1 zu sehen:

Entgegen der Ergebnisse der oben beschriebenen wissenschaftlichen Studien scheint nur die mitarbeiterbezogene CSR tatsächlich wichtig für Studierende und Mitarbeiter zu sein. Aspekte der verantwortlichen Unternehmensführung (z. B. ethische Prinzipen im Management) sind auf der Präferenzskala zumindest im Mittelfeld.

Die wichtigsten Attribute für Mitarbeiter und Studierende sind den allgemeinen Dimensionen Arbeitsplatz- und Unternehmensattraktivität und der mitarbeiterbezogenen Verantwortung zuzurechnen – die am wenigsten wichtigsten Attribute denen der Umwelt- und Gesellschaftsbezogenen Verantwortung. Dabei

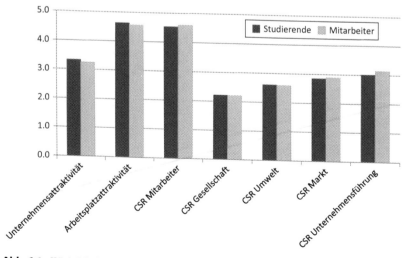

Abb. 6.1 Wichtigkeit der 5 CSR und 2 Nicht-CSR Dimensionen

liegt der Schwerpunkt bei Mitarbeitern mehr auf Aspekten der Arbeitsplatzsicherheit, bei den Studierenden mehr auf Weiterbildungsmöglichkeiten und Karriere
(vgl. Abb. 6.2 und 6.3).

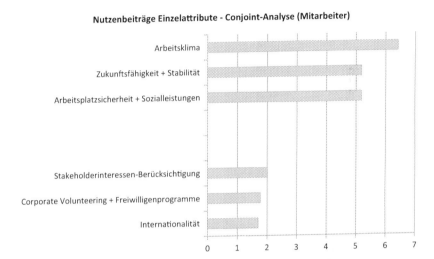

Abb. 6.2 Wichtigste und unwichtigste Attribute – Mitarbeiter

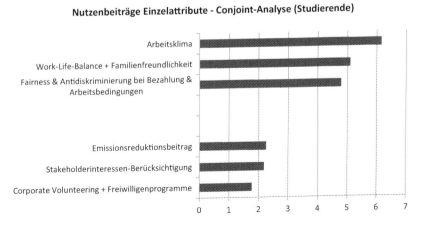

Abb. 6.3 Wichtigste und unwichtigste Attribute – Studierende

Es scheint also, als würden die CSR-bezogenen Attribute in dem Moment, in dem sie mit anderen möglichen Attributen verglichen werden, an Bedeutung einbüßen. CSR mag wichtig sein – aber nur so lange, wie dafür nicht mit anderen weitaus relevanteren Attributen „bezahlt" werden muss. Von den unterschiedlichen CSR-Themen erfährt die mitarbeiterbezogene Verantwortung die höchste Zustimmung, gefolgt von Themen der verantwortlichen Unternehmensführung.

6.3   Gibt es unterschiedliche „Segmente" mit unterschiedlichen Präferenzen?

Bisherige Studien haben einen Einfluss unterschiedlicher moderierender Variablen, wie zum Beispiel des Geschlechtes (Backhaus et al. 2002), des Bildungsgrades (Albinger und Freeman 2000; Backhaus et al. 2002) oder des CSR spezifischem Vorwissen (Evans und Davis 2011) auf die empfundene Wichtigkeit von CSR identifiziert. So wird beispielsweise argumentiert, dass Individuen mit höherem Bildungsgrad stärker für Fragen der ökologischen und gesellschaftlichen Verantwortung von Unternehmen sensibilisiert sind bzw. es sich eher „leisten können", solche Kriterien bei der Arbeitgeberwahl zu berücksichtigen.

Die Ergebnisse des Projektes MitCSR stützen und differenzieren einige dieser Aussagen und zeigen weitere Zusammenhänge auf. Unter anderem wurde analysiert, ob die Teilnahme an Studienprogrammen mit CSR-Bezug einen Einfluss auf die CSR-Präferenzen von Studierenden hat, was für einige der CSR-Bereiche bestätigt werden konnte. Darüber hinaus konnte bei den Studierenden ein positiver Zusammenhang zwischen vorherigen ehrenamtlichen Tätigkeiten und der Wichtigkeit von gesellschaftlicher und ökologischer Verantwortungsübernahme nachgewiesen werden. Diese Zusammenhänge erscheinen plausibel und stützen die These, das Vorwissen und Wertkongruenzen zur CSR-Affinität beitragen. Auch der Einfluss des Geschlechtes auf die CSR-Präferenz konnte im Projekt zumindest für die befragten Studierenden bestätigt werden: Weiblichen Studierenden sind alle fünf dort betrachteten CSR-Bereiche wichtiger als ihren männlichen Kommilitonen.

Unabhängig von sozio-demografischen Variablen scheint es dennoch unterscheidbare Gruppen (sogenannte „Cluster") von Befragten mit sehr unterschiedlichen Präferenzprofilen zu geben. Die Ergebnisse einer bei der Gruppe der Studierenden durchgeführten Clusteranalyse zeigt Abb. 6.4.

Tatsächlich scheint es ein Segment junger Arbeitssuchender zu geben, das hohe Erwartungen an die CSR-Aktivitäten seines zukünftigen Arbeitgebers hat – vor allem in den CSR-Dimensionen Umwelt und Unternehmensführung. Zu

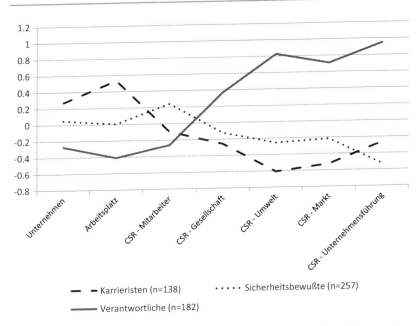

Abb. 6.4 Präferenzprofile von Studierenden (z-transformierte Werte) – Clusteranalyse (Studierendenbefragung, n = 577)

diesem Segment der „Verantwortlichen" zählen knapp 32 % aller Befragten. Ein etwas kleineres Segment zeichnet sich durch hohe Präferenzen für arbeitsplatz-bezogene Attribute aus – hier vor allem für Attribute wie Karrieremöglichkeiten, abwechslungsreiche Arbeitsinhalte, Handlungsspielraum/Eigenverantwortung sowie Möglichkeiten der Personalentwicklung („Karrieristen"). Das größte Segment – die Sicherheitsbewussten -ist vor allem interessiert an Attributen, die in die Dimension der mitarbeiterbezogenen Verantwortung fallen. Besonders hohe Nutzenwerte zeigt diese Gruppe für Arbeitsplatzsicherheit und Sozialleistungen, Zukunftsfähigkeit/Stabilität, Arbeitsklima und Gehalt.

6.4   Spielt CSR eine Rolle für die Identifikation von Arbeitnehmern mit ihrem Arbeitgeber?

In einer 2014 von enactus durchgeführten Befragung (enactus 2014) wurde die Übereinstimmung der Werte des Unternehmens mit den eigenen Werten als sechstwichtigstes Kriterium für die Arbeitgeberwahl identifiziert.

Ob CSR die Wertekongruenz unterstützt und so potenziell zu einer höheren Identifikation mit einem Arbeitgeber führt, ist hingegen fraglich. Zwar zeigt eine Studie von Kim und Park (2011), dass CSR bei Studierenden zu einer höheren gefühlten „Passung" zwischen eigenen Werten und denen der hypothetischen Unternehmen führt. Die Ergebnisse des Projektes MitCSR bestätigen diese Aussagen allerdings nur teilweise. Studierende und Mitarbeiter wurden gefragt, ob und warum CSR möglicherweise für sie bedeutsam ist. 56 % der Studierenden und 66 % der Mitarbeiter gaben an, dass sie CSR wichtig finden, weil es mit eigenen Werten übereinstimmt.

Ähnlich sind die Ergebnisse hinsichtlich der Rolle von CSR als Signal für einen guten Arbeitgeber. Auch hier gaben etwas mehr als die Hälfte der Studierenden und gut zwei Drittel der Mitarbeiter an, dass CSR für sie eine potenzielle Signalfunktion hat. Für nur sehr wenige der Befragten scheint es hingegen eine Verbindung zu geben zwischen der Mitarbeit in einem verantwortlichen Unternehmen und ihrer eigenen „sozialen Reputation" (vgl. Abb. 6.5).

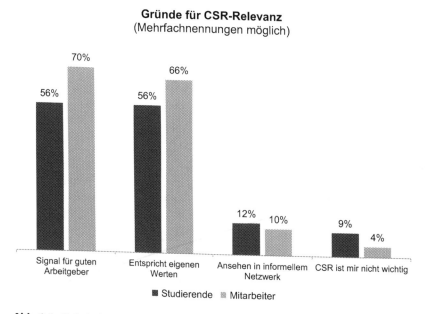

Abb. 6.5 Gründe für die Relevanz von CSR für die Arbeitgeberwahl (Studierenden – und Mitarbeiterbefragung, n = 576 [Studierende] und n = 324 [Mitarbeiter])

6.5   Trägt CSR zur Mitarbeiterbindung bei?

Der Einfluss von CSR auf die emotionale bzw. affektive Mitarbeiterbindung (vgl. Abschn. 3.4) wurde durch eine Vielzahl empirischer Studien bestätigt (z. B. Ditlev-Simonsen 2012). Gemäß diesen Studien variiert die Wirkung der wahrgenommenen CSR-Leistung auf die emotionale Bindung in Abhängigkeit von den betrachteten CSR-Bereichen (z. B. Stites und Michael 2011) sowie von der subjektiven Relevanz von CSR für die Befragten (Person 2004). So wirken beispielsweise Maßnahmen, die auf externe Mitarbeiter gerichtet sind stärker als solche, die sich auf externe Stakeholder beziehen (z. B. Brammer et al. 2007).

Im Forschungsprojekt MitCSR wurden neben den 5 CSR-Dimensionen „Mitarbeiter", „Markt", „Gesellschaft", „Umwelt" und „Governance" auch die beiden nicht CSR-bezogenen Dimensionen „Unternehmen" und „Arbeitsplatz" in die Betrachtung mit einbezogen. Dabei wurde zunächst der Einfluss der wahrgenommenen Performanz auf die Mitarbeiterbindung ermittelt (vgl. Tab. 6.1). Da davon auszugehen ist, dass die CSR Leistung eines Unternehmens nur dann eine wesentliche Rolle spielt, wenn diese auch für den Mitarbeiter wichtig ist, wurde in einem zweiten Schritt wurde die Performanzwahrnehmung mit der jeweiligen Relevanz multipliziert (vgl. Tab. 6.1 und 6.2).

Betrachtet man alleine die wahrgenommene Performanz (vgl. Tab. 6.1), lässt sich konstatieren, dass nur die mitarbeiterbezogenen CSR – sowie die beiden nicht CSR-Dimensionen- einen Einfluss auf die emotionale Mitarbeiterbindung haben. Die höchste Erklärungskraft für das Commitment haben Attribute der Dimension „Arbeitsplatzattraktivität" (Beta-Wert von 0,43). Berücksichtigt man

Tab. 6.1 Einfluss der Performanz von 5 CSR und 2 Nicht CSR Dimensionen auf die Affektive Mitarbeiterbindung

Performanz Adj. $R^2 = ,547$	Einfluss auf affektive Mitarbeiterbindung (Standardisiertes Beta)
Unternehmensattraktivität	,19[a]
Arbeitsplatzattraktivität	,43[a]
CSR – Mitarbeiter	,12[a]
CSR – Gesellschaft	,08
CSR -Umwelt	,−04
CSR – Markt	,10
CSR – Unternehmensführung	,10

[a]Signifikanzniveau <,01

Tab. 6.2 Einfluss von Performanz und Relevanz der 5 CSR und 2 Nicht CSR Dimensionen auf die Affektive Mitarbeiterbindung

Relevanz x Performanz Adj. $R^2 = ,571$	Einfluss auf affektive Mitarbeiterbindung (Standardisiertes Beta)
Unternehmensattraktivität	,26[a]
Arbeitsplatzattraktivität	,41[a]
CSR – Mitarbeiter	,25[a]
CSR – Gesellschaft	,28[a]
CSR -Umwelt	,14[a]
CSR – Markt	,19[a]
CSR – Unternehmensführung	,21[a]

[a]Signifikanzniveau <,01

hingegen die Relevanz als moderierenden Faktor (vgl. Tab. 6.2), haben alle untersuchten Dimensionen einen signifikanten Einfluss auf die Verbundenheit von Mitarbeitern.

Je wichtiger bestimmte Aspekte von CSR für einen Mitarbeiter sind, desto stärker wirken diese auch auf die Mitarbeiterbindung. Wesentlich für die Gestaltung personalpolitischer Maßnahmen ist folglich das Wissen um die CSR-Präferenzen von Mitarbeitern.

6.6   Fazit

Grundsätzlich hat CSR eine positive Wirkung auf die Arbeitgeberattraktivität und die Mitarbeiterbindung. Dabei sind nicht alle Aspekte und Teilbereiche gleich wichtig. Die größte Wirkung entfalten jene Aspekte der Verantwortung, welche unmittelbar durch den Mitarbeiter erfahrbar sind und von denen er selbst am stärksten profitiert. Dazu zählen Maßnahmen, welche direkt auf den Mitarbeiterkreis als Adressaten zielen (zum Beispiel Work-Life-Balance, Fairness/Antidiskriminierung, Arbeitsplatzsicherheit oder Personalentwicklungsmöglichkeiten) aber auch ethische Prinzipien im Management und Transparenz. Am wenigsten wichtig für die Mehrheit der (potenziellen) Mitarbeiter scheint die umwelt- und gesellschaftsbezogene Verantwortung – sowohl für die Wahl eines Arbeitgebers, als auch für die Bindung von Mitarbeitern.

Nach wie vor sind die „klassischen" Attribute von Arbeitgebern für Arbeitneh-mer entscheidend: Neben den oben genannten Aspekten der Mitarbeiter-CSR sind dies zum Beispiel das Arbeitsklima, die Zukunftsfähigkeit von Unternehmen und Karrieremöglichkeiten.

Allerdings variieren die CSR-Präferenzen bei Arbeitnehmern in Abhängigkeit von Geschlecht, CSR-Vorwissen und vorherigem gesellschaftlichen Engagement. Darüber hinaus lassen sich unterschiedliche „Segmente" junger Arbeitssuchen-der mit sehr unterschiedlichen Präferenzprofilen identifizieren. Fast ein Drittel der befragten Studierenden (Gruppe der „Verantwortlichen") erachtet die CSR Dimensionen Umwelt, Gesellschaft, Markt und Unternehmensführung als über-aus wichtig, während klassische Attribute wie Gehalt, Karriere und Arbeitsplatz-sicherheit in den Hintergrund treten.

7

7.1 CSR bei ALBA

Unternehmensvorstellung

Die ALBA Group ist ein weltweit agierendes Recycling- und Umweltdienstleistungsunternehmen mit rund 7500 Mitarbeitern in Europa und Asien sowie einem Umsatz von 2,2 Mrd. EUR (2015). Die INTERSEROH Dienstleistungs GmbH ist die Führungsgesellschaft des Segmentes Services der ALBA Group für Umweltdienstleistungen. Dessen Serviceangebot reicht von Sortierung, Recycling, Logistikleistungen, Facility Management bis zu Standortentsorgungen. Im Jahr 2014 erwirtschaftete ALBA/Interseroh einen Umsatz von 447 Mio. EUR. Das Segment Services ist mit rund 1600 Mitarbeitern an 17 Standorten in Deutschland sowie vielen weiteren im (ost-) europäischen Ausland vertreten. Die CSR-Untersuchung und Mitarbeiterbefragungen, die dieser Analyse zugrunde liegen, wurden mit der Unterstützung des Unternehmens im Segment Alba Facility Management, Standort Köln, durchgeführt.

CSR-Aktivitäten

Bei ALBA/Interseroh als Recyclingunternehmen steht ökologische Nachhaltigkeit im Zentrum des Primärgeschäfts. Die gesamte Alba Group zeichnet sich durch soziales Engagement in der Krebshilfe, durch die Organisation von Spendengalas, sowie durch Sportsponsoring und -motivation von Jugendlichen aus. Zudem wird außergewöhnliches, individuelles Engagement von Mitarbeitern unterstützt und die Möglichkeit der Freistellung gegeben, wenn es einem wichtigen sozialen Zweck dient, beispielsweise der Sanierung von Kindergärten, vgl. Tab. 7.1.

© Springer Fachmedien Wiesbaden GmbH 2018
S. Bustamante et al., *Bedeutung von CSR für die Arbeitgeberattraktivität,*
essentials, https://doi.org/10.1007/978-3-658-20297-2_7

Tab. 7.1 ALBA – CSR-bezogene Maßnahmen

Mitarbeiter	Flexible Arbeitszeitregelungen
	Zertifizierung „Familie und Beruf" geplant
	Sabbatical möglich
	Telefonseelsorge für Mitarbeiter
	Förderung berufsbegleitendes Studium
	Fortbildungsangebote für Führungskräfte und Mitarbeiter
	Jährliche Mitarbeitergespräche, Zufriedenheitsbefragungen
	Einarbeitungspläne für neue Mitarbeiter
	Strukturiertes Feedback zur internen Ausbildung
	Risiko- und Gesundheitsmanagement
	Massage, Fitnessstudio, Lauftreff
Markt	Auditierung von Dienstleistern der Lieferkette nach Supplier Relationship Management System (SRM), Integration von Nachhaltigkeitskriterien in die Auswahl
	Zweijährliche Kundenbefragung
	Staatliche Kontrolle erfordert CSR bei Zulieferern
	Teilweise Kooperation mit Konkurrenten
Umwelt	Umweltaspekte in Bauvorhaben integriert
	Maßnahmen zu Energieeffizienzsteigerung und Ressourcenschutz
	Ressourcenschutz am Arbeitsplatz, (z. B. papierlose Kommunikation)
	Umfassendes Energiemanagementsystem
	Umwelt-Aufklärung von Stakeholdern (Schulungen, Newsletter, etc.)
	Dienstwagenvorschrift weist in Richtung geringeren CO_2-Ausstoß
	Pflicht-Recyclingmaßnahmen in der gesamten Lieferkette
Gesellschaft	Ausbildungsbetrieb
	Berufsorientierungsangebote an Schulen
	Engagement in Sportvereinen und Gesundheitshilfe, Spendengalas
	Freistellung von Mitarbeitern für gesellschaftliches Engagement
	Bereitstellung von Logistik für Sachspendentransport
	Aufklärungsarbeit zu Recycling, Umweltschutz
	Engagement in Umweltausschüssen und -gremien
Unternehmensführung	Compliance-Management
	Einheitliche Nachhaltigkeitskodex, -strategie und -reporting nach GRI 3
	Stakeholdermanagement
	Whistleblowing-Hotline
	Kontrolle von Korruptions- und Rechtsverstößen
	Umweltmanagement nach ISO 14001

Abb. 7.1 Screenshot zum Nachhaltigkeitsbericht, www.interseroh.de

Kommunikation über CSR bei ALBA

Gemäß den interviewten Mitarbeitern in Führungspositionen spielt für ALBA/ Interseroh Nachhaltigkeit bei (fast) allen Unternehmenspräsentationen eine große Rolle. Extern werden v. a. die Kanäle Pressearbeit, Nachhaltigkeitsbericht und Broschüren zum Thema Nachhaltigkeit, Messebesuche und die Website (vgl. Abb. 7.1) zur Kommunikation genutzt.

Dementsprechend haben Eigenpublikationen einen hohen Stellenwert. Eine Informationsschnittstelle besetzen zudem die sogenannten Nachhaltigkeitskoordinatoren, die sowohl nach innen als auch nach außen über CSR und Nachhaltigkeit in voller Breite informieren. Interne CSR-Kommunikationsinstrumente bilden bei ALBA u. a. die Newsletter, eine monatliche Mitarbeiterzeitung, ein eigenes Wiki sowie Veranstaltungen wie Umwelttage oder Dialogtage.

Sicht der Mitarbeiter auf die CSR-Aktivitäten von ALBA

Generell erschließt sich aus den Interviews, die mit Mitarbeitern von ALBA geführt wurden, dass viele die Größe des Unternehmens und damit verbunden die vielfältigen Geschäftsbereiche und Arbeitsaufgaben als positiv wahrnehmen. Des Weiteren zeigten Mitarbeiter einen Bedarf nach Identifikation mit dem Unternehmensprodukt und -zweck, den sie bei dem Recyclingunternehmen bestätigt fanden.

Positiv wird zudem das Engagement des Unternehmens für Ausbildungsplätze (Unternehmens-CSR) gesehen. Auch Aspekte der Markt-CSR, wie Verbraucher- und Kundenschutz und Fairness gegenüber Partnern und Lieferanten werden von den befragten Mitarbeitern wahrgenommen. Sie seien zum einen sehr wichtig, da fairer Umgang auf die Gesellschaft ausstrahle, zum anderen verbessere ein fairer Umgang die Kooperationsdauer und -qualität zwischen Geschäftspartnern.

Zusammenhang zwischen CSR Aktivitäten, Kommunikation und Zufriedenheit
In Abb. 7.2 sind die Bereiche der CSR-Trias zusammengeführt und mit den Aussagen der Mitarbeitern zu Relevanz und Zufriedenheit in Bezug gesetzt.

Auffällig ist, dass die interne Kommunikation nur eingeschränkt mit der Performanz wie auch der Relevanz von Themenfeldern in Einklang steht. Dies gilt insbesondere für die Kommunikation von Aspekten der marktbezogenen Verantwortung und der Unternehmensführung.

Die durchschnittlich wahrgenommene CSR-Performanz und Zufriedenheit seitens der Mitarbeiter hängen über alle Dimensionen deutlich miteinander zusammen: Eine höhere durchschnittliche Wahrnehmung hat auch eine höhere Zufriedenheit zur Folge.

Auch wenn die Angestellten dem Thema Umwelt eine vergleichsweise geringe, zweitniedrigste Relevanz zuweisen, ist diese im Vergleich zu den anderen betrachteten Unternehmen (vgl. Folgekapitel) vergleichsweise hoch. Die Zufriedenheit

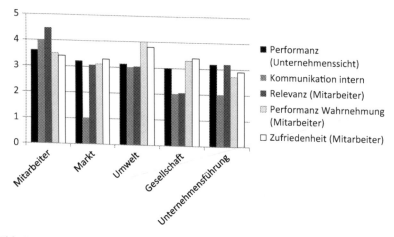

Abb. 7.2 ALBA – Zusammenhang von CSR-Performanz, -Kommunikation (intern) und Mitarbeitersicht der CSR

der Mitarbeiter mit den CSR Maßnahmen ihres Unternehmens ist – nicht zuletzt aufgrund der hohen Performanz Wahrnehmung – hier am höchsten.

7.2 CSR bei der BIM

Unternehmensvorstellung

Die BIM Berliner Immobilienmanagement GmbH (BIM) ist eine hundertprozentige Tochtergesellschaft des Landes Berlin und bewirtschaftet, verkauft und verwertet rund 4500 landeseigene Immobilien in dessen Auftrag. Die Gesellschaft wird durch einen Aufsichtsrat kontrolliert und folgt zum Einen den stadtentwicklungs-, wohnungs- und kulturpolitischen Belangen Berlins, zum Anderen ist sie für das Gebäudemanagement verantwortlich. Rund 450 Mitarbeiterinnen und Mitarbeiter arbeiten für die BIM am Standort Berlin.

Im Jahr 2015 hat die BIM insgesamt 263,7 Mio. EUR an das Land Berlin ausgeschüttet. Diese Summe setzt sich aus dem Rückfluss aus dem Mieter-Vermieter-Modell und Verkaufserlösen zusammen. 630 Baumaßnahmen wurden 2015 im Sondervermögen Immobilien des Landes Berlin (SILB) umgesetzt.

CSR-Aktivitäten

Die BIM setzt seit Längerem ein umfassendes Maßnahmenspektrum zu allen fünf CSR-Bereichen um, ohne dass dieses jedoch mit dem Begriff CSR benannt oder kommuniziert würde. Tab. 7.2 gibt einen Überblick über die aktuellen CSR-Aktivitäten.

Bei der BIM liegt der Fokus der CSR-Aktivitäten im Bereich der Mitarbeiter und der Unternehmensführung. Insbesondere zeichnet sich der Arbeitgeber BIM

Tab. 7.2 BIM – CSR-bezogene Maßnahmen

Mitarbeiter	Zertifizierung seit 2012 durch „audit berufundfamilie" (in 2016 rezertifiziert)
	Unterstützung der Mitarbeiter durch zwei externe Anbieter in familiären (Pflege- und Kinderbetreuung) und persönlichen Belangen
	Flexibles Arbeiten außerhalb des Firmenstandortes
	Flexible Arbeitszeitregelungen
	Fortbildungsangebote zu Sicherheit und Gesundheitsschutz
	Diverse Sportangebote, Massage
Markt	Als Unternehmen der Öffentlichen Hand gebunden an VOB/VOL

(Fortsetzung)

Tab. 7.2 (Fortsetzung)

Umwelt	Jobticket
	Bereitstellung von Betriebsfahrrädern
	Mitarbeitertag zum Thema Nachhaltigkeit
	Präqualifizierung von Lieferanten nach Einhaltung von Umwelt-kriterien
	Zertifizierung ISO 14001
	Energieeffizienz-steigernde Maßnahmen in betreuten Gebäuden, Bereitstellung von Dächern für Fotovoltaik
	Projektgruppen für Einzelvorhaben
Gesellschaft	Interne Spendenveranstaltung an Neujahr
Unternehmensführung	Ombudsfrau für Compliance-Themen
	Compliance-Management

durch die Vereinbarkeit von Beruf und Familie aus, mit flexiblen Arbeitszeiten, Hilfsangeboten zur Kinderbetreuung und Home Office Möglichkeiten, die seit 2012 nach dem „audit berufundfamilie" zertifiziert sind.

In den Bereich der Unternehmens-CSR fallen die Qualitätsmanagement- und die Compliance Management (CMS)-Zertifizierung (2013) des Unternehmens, in die vorher festgelegte Verhaltenskodizes integriert wurden. Im Zuge dessen wurden auch Ombudspersonen bestimmt, die für die Einhaltung der Kodizes eintreten und so Whistleblowing ermöglichen.

Kommunikation über CSR bei der BIM
Nachhaltigkeit wird bei der BIM im Rahmen des Leitbildes differenziert nach Immobilien, Kunden, Mitarbeitern, wirtschaftlichem Handeln und Umwelt kommuniziert. Im Bereich Umwelt werden auf der Unterseite „Klimaschutz" das zertifizierte Energie- und Umweltmanagement sowie die Klimaschutzvereinbarung zur Senkung der CO_2-Emission thematisiert. Für das Jahr 2015 gibt es im Kennzahlenreport das Kapitel „Die BIM und ihre Umwelt". Hier werden Umweltkennzahlen veröffentlicht und Maßnahmen aus dem Energie- und Umweltmanagement der BIM beschrieben (vgl. Abb. 7.3).

Eigenpublikationen, Online und Social Media sowie persönliche Kommunikation sind die wichtigsten Kanäle zur CSR-Kommunikation, gefolgt von Veranstaltungen. Online-Kommunikation bezieht sich bei der BIM ausschließlich auf das Intranet sowie die Unternehmenswebsite, Social Media Kanäle werden bisher grundsätzlich nicht genutzt.

Maßnahmen 2015	Anzahl Maßnahmen	CO_2-Einsparung (Tonnen / Jahr)
Sanierungsmaßnahmen Gebäudehülle	14	305
hydraulischer Abgleich Heizung, Erneuerung Heizkessel bzw. weitere technische Gebäudeausrüstung	16	1.539
Erneuerung bzw. Optimierung Innenbeleuchtung, teils LED	15	379
Umrüstung Außenbeleuchtung auf LED	3	126
Errichtung Blockheizkraftwerk (BHKW)	1	579
Dachflächenvermietung Photovoltaik-Anlagen	8	250
Gesamt	57	3.178

Abb. 7.3 Auszug aus dem BIM-Kennzahlenreport für 2015

Sicht der Mitarbeiter auf die CSR-Aktivitäten der BIM
Aus den Mitarbeiterbefragungen wurde deutlich, dass die BIM vor allem als öffentlicher Arbeitgeber und Dienstleistungsunternehmen wahrgenommen und als solches geschätzt wird. Die Ergebnisse der quantitativen Mitarbeiterbefragung zeigen, dass Mitarbeiter, die einen akademischen Bildungshintergrund haben, und diejenigen, die länger als zwei Jahre bei der BIM sind, eine hohe Bindung an das Unternehmen aufweisen.

Die genannten, wichtigsten CSR Themen fallen in den Bereich der Mitarbeiter-CSR: Arbeitsplatzsicherheit und Sozialleistungen, Fairness und Antidiskriminierung sowie Maßnahmen zur Erzielung eines ausgewogenen Verhältnis zwischen Privat- und Berufsleben. Flache Hierarchien werden ebenfalls positiv wahrgenommen.

Zusammenhang zwischen CSR Aktivitäten, Kommunikation und Zufriedenheit
Abb. 7.4 stellt zeigt die Zusammenhänge zwischen den CSR-Performanz und Kommunikation (unternehmensseitig) sowie der CSR-Relevanz, -Wahrnehmung und -Zufriedenheit seitens der BIM-Mitarbeiter.

Unabhängig von unterschiedlich hoher Relevanz in verschiedenen CSR-Dimensionen, zeichnen die Mitarbeiter ein sehr positives Bild von ihrem Arbeitgeber in Bezug auf CSR. Gleichzeitig sind mitarbeiterbezogene CSR-Maßnahmen den BIM-Mitarbeitern am wichtigsten, dementsprechend bedeutsam ist es für den Arbeitgeber, dieser Präferenz zu entsprechen.

Die Markt-Verantwortung spielt bei der BIM aufgrund ihrer Stellung am Markt als landeseigener Liegenschaftsdienstleister eine besondere Rolle. Die

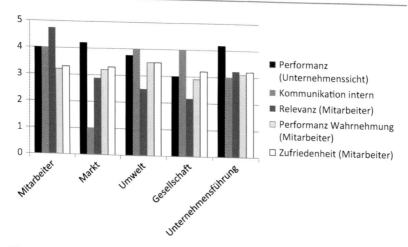

Abb. 7.4 BIM – Zusammenhang von CSR-Performanz, -Kommunikation (intern) und Mitarbeitersicht der CSR

Konkurrenzsituation ist dadurch einerseits entschärft, andererseits verpflichtet die exponierte Stellung der BIM in der Öffentlichkeit und am Markt zu einem fairen Wettbewerbsverhalten innerhalb des rechtlich vorgegebenen Rahmens. In dieser Dimension liegt folgerichtig auch die höchste Performanz aller Dimensionen vor – allerdings ist die Intensität der Kommunikation hier überraschenderweise am niedrigsten.

7.3 CSR bei Leonardo

Unternehmensvorstellung
Leonardo Hotels ist ein europäisches Tochterunternehmen der israelischen Hotelgruppe Fattal Hotels und betreibt über 65 Hotels und Gaststätten in Europa, 45 davon in Deutschland. Das Unternehmen beschäftigt ca. 2500 Mitarbeiter und hat einen Jahresumsatz von 275 Mio. EUR. Die CSR-Untersuchung und Mitarbeiterbefragungen, die dieser Analyse zugrunde liegen, wurden mit der Unterstützung der Sunflower Management GmbH & Co. KG (Leonardo Hotels) durchgeführt.

CSR-Aktivitäten
Bei Leonardo Hotels stehen vor allem Umwelt- und Mitarbeiter-CSR-Aspekte im Vordergrund, vgl. Tab. 7.3. Beispielsweise wird Wert auf Fortbildung und Personalentwicklung gelegt. Mithilfe der „Leonardo Academy", einem internen

Tab. 7.3 Leonardo – CSR-bezogene Maßnahmen

Mitarbeiter	Flexible Arbeitszeitregelungen
	Mitarbeitergespräche, Seminare, Ausflüge
	Gesundheitsmanagement, Fitnessstudio
Markt	Audit von Reinigungskräften
Umwelt	Energieaudits
	Projekte mit Energie-Monitoring in Häusern
	Ressourceneffizienz-Maßnahmen bei Akquise
	Einzelveranstaltungen zu ökologischem Engagement; „Be Green" Themenjahr
Gesellschaft	Regelmäßige gemeinnützige Veranstaltungen (Bücherspenden, Blutspenden)

Weiterbildungsprogramm, das für alle Mitarbeiter offen ist, werden Mitarbeiter in verschiedensten Fertigkeiten weitergebildet, abhängig von ihrer Zuständigkeit innerhalb des Hotelbetriebs.

Um die Mitarbeiter für Nachhaltigkeitsaspekte zu sensibilisieren, werden zudem jährliche Themen-Schwerpunkte ausgerufen, beispielsweise unter dem Motto „Be Social" oder „Be Green". Einen ähnlichen Zweck erfüllt auch der Konzern-interne Social Responsibility Award, in dem zuletzt Projekte aus 44 Hotels wetteiferten, um zu den 3 Projektsiegern zu gehören.

Kommunikation über CSR bei Leonardo

Da das Thema CSR noch nicht sehr stark bei Leonardo verankert ist, erfolgt auch eher eine ad hoc Kommunikation von CSR-Themen. Einige Themen werden über das Intranet transportiert, wie der CSR-Award, oder über interne Printmedien und die Unternehmenswebsite, wie das Fortbildungskonzept für die Mitarbeiter an der „Leonardo Academy". Die am stärksten genutzten Kommunikationsinstrumente bei Leonardo sind Eigenpublikationen und persönliche Kommunikation. Die Bereiche Medienarbeit und Veranstaltungen werden bei Leonardo weniger stark genutzt.

Die Hauptinformations- und Kommunikationsplattform ist die unternehmensinterne Social Media Plattform LEAPP. Hier werden wöchentlich CSR Projekte vorgestellt, vgl. Abb. 7.5. Dazu können die Mitarbeiter Kommentare schreiben oder die Projekte einfach nur „liken".

Sicht der Mitarbeiter auf die CSR-Aktivitäten von Leonardo

Ein wichtiger Anreiz der Befragten, bei Leonardo Hotels zu arbeiten, sind die Mitwirkungs- und Gestaltungsmöglichkeiten bei dem noch jungen, wachsenden Unternehmen: „Da das gerade im Aufbau war und noch ganz frisch, fand ich, war

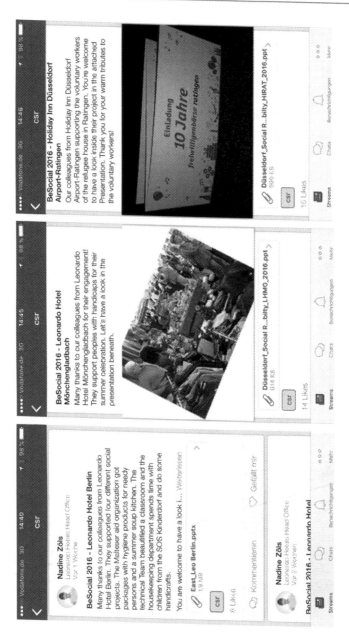

Abb. 7.5 Screenshots aus der Social Media Plattform „LEAPP"

das eine Herausforderung für die persönliche Entwicklung", sagt eine Mitarbeiterin. Auch offene und direkte interne Kommunikation und faire Umgangsweise sowie ein angenehmes Arbeitsklima liegen insbesondere im Hotelbetrieb vielen Mitarbeitern am Herzen: *„Ich möchte, dass mit mir offen und ehrlich umgegangen wird"*, so ein Mitarbeiter. Eine andere Mitarbeiterin betonte, sie genieße es, *„so zu arbeiten, wie ich es mit meinem Gewissen vereinbaren kann und Menschen nicht treten zu müssen – was in der Hotellerie sehr viel passiert."*

Zusammenhang zwischen CSR Aktivitäten, Kommunikation und Zufriedenheit

Abb. 7.6 stellt die Befragungsergebnisse hinsichtlich der CSR Performanz, interner Kommunikation (Unternehmenssicht) und Relevanz, Performanz Wahrnehmung und Zufriedenheit (Mitarbeiterperspektive) gegenüber.

Die Synopse zeigt ein variierendes Bild der unternehmensseitigen Einschätzungen über die CSR-Performanz und Kommunikation in den unterschiedlichen Bereichen. Auffällig ist, dass über marktbezogene Verantwortung und Unternehmensführung praktisch nicht kommuniziert wird, und die Performanz in der Dimension Unternehmensführung seitens der Unternehmensführung als sehr niedrig eingeschätzt wird. Dennoch sind die von den Mitarbeitern wahrgenommene

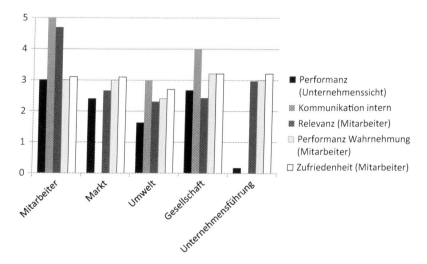

Abb. 7.6 Leonardo – Zusammenhang von CSR-Performanz, -Kommunikation (intern) und Mitarbeitersicht der CSR

CSR-Performanz und CSR-Zufriedenheit über alle Dimensionen auf etwa gleichen, mittleren Niveau. Maßnahmen für die Mitarbeiter, wie beispielsweise die Leonardo-Academy, sind wie bei den anderen Fallbeispielen im Fokus der Aufmerksamkeit der Angestellten.

7.4 CSR bei der WISAG

Unternehmensvorstellung

WISAG ist ein großes Dienstleistungsunternehmen, das in den drei Bereichen Flughafen, Gebäude und Industriedienstleistungen in Europa tätig ist. Mit ca. 20.000 Mitarbeitern und einem Umsatz von über 300 Mio. EUR ist schon die Sparte WISAG-Gebäudereinigung als Großunternehmen einzuordnen. Ihr Kerngeschäft besteht in Dienstleistungen der Gebäudereinigung (innen und außen) für öffentliche sowie für private Träger.

CSR-Aktivitäten

Die Mitarbeiterpolitik des Unternehmens folgt den Leitbegriffen „wertschätzen" und „begeistern". Dementsprechend ausgeprägt sind Maßnahmen der Mitarbeiter-CSR (vgl. Tab. 7.4), z. B. durch den Einsatz für die Entwicklung des Ausbildungsberufs Gebäudereiniger (bei Konferenzen und in Branchennetzwerken) und

Tab. 7.4 Überblick CSR Aktivitäten der WISAG

Mitarbeiter	Aufsichtsrat, Betriebsräte und Schwerbehindertenvertretungen (auf allen Ebenen)
	Jährliche Mitarbeiterbefragungen und jährliches 360°Feedback für Führungskräfte
	Tarifbindung und internes Controlling der Einhaltung der Tarifverträge
	Teilweise kostenlose Mitarbeiterkantine
	Incentivierung von besonderen Leistungen und Verbesserungsvorschlägen
	Durchgehendes Fortbildungsangebot für alle Mitarbeiter, auch zu ökologischem Handeln
	Sommerfest, Weihnachtsfeste, Aktionstage
Markt	Engagement in Arbeitgeberverbänden und in anderen Netzwerken
	Lieferantendialog und -screening

(Fortsetzung)

Tab. 7.4 (Fortsetzung)

Umwelt	Nachhaltigkeitsradar für ökologische Erwartungen der Kunden
	Auswahl der Lieferanten auch nach ökologischen Gesichtspunkten und Kommunikation mit Lieferanten und Partnern über ökologische Aspekte
	Einkaufsrichtlinien mit ökologischen Kriterien
	MA-Schulungen zu ökologischen Themen
	Umweltkennzahlen in internem Controlling System
Gesellschaft	Ausbildungsbetrieb und Engagement für Ausbildung
	Freistellen von Mitarbeitern für gesellschaftliches Engagement
	Projekttage, u. a. zu Kunst und Umwelt
	Unterstützung von Jugendlichen bei der Ausbildungsplatzvermittlung
Unternehmensführung	Betriebsräte
	Internes Controlling System
	Compliance-Management

durch die Förderung Jugendlicher mit schwierigem, biografischen Hintergrund („Joblinge") bei der Qualifizierung und Ausbildungsplatzvermittlung.

Einen weiteren CSR-Schwerpunkt bildet die ökologische Verantwortung. Eine der Firmenvisionen ist es, in den nächsten Jahren zu einem ökologisch nachhaltigen Vorreiter im Markt zu werden. Dieses Ziel möchte die WISAG u. a. durch einen ausgeprägten Lieferantendialog über Bestandteile in Reinigungsmitteln und Ressourcengebrauch erreichen. Auch in der Mitarbeiterweiterbildung werden ökologische Aspekte regelmäßig thematisiert.

Kommunikation über CSR bei der WISAG

Bei der WISAG stehen, wie bei allen anderen untersuchten Firmen, die internen Kommunikationswege im Fokus der Unternehmenskommunikation. Es gibt sowohl eine vertikale, hierarchische Kommunikationsstruktur als auch horizontale Kommunikationsstrukturen, z. B. Workshops unter Anwesenheit aller Regionalgeschäftsführer bzw. Niederlassungsleiter zum Thema Ressourcenverbrauch oder Entsorgung. Zu den internen Kommunikationsinstrumenten zählen u. a. der Newsletter und ein zentral aufgespielter Bildschirmschoner, der durch eine Powerpoint-Präsentation u. a. zu CSR-Themen informiert, vgl. Abb. 7.7.

Extern fokussiert WISAG das Thema Nachhaltigkeit durch den „Nachhaltigkeitsradar" sowie auf der Unternehmenswebseite, auf der sich das Unternehmen v. a. zur gesellschaftlichen, ökologischen und zur mitarbeiterbezogenen Verantwortung bekennt. Inhaltlich wird die Strategie verfolgt, weniger zahlenbasierte

Ökologie in der Gebäudereinigung

Ziele der umweltbewussten Gebäudereinigung

- Schonung der Ressourcen (wenig Wasser, Papier, Chemie, Strom)
- richtige Dosierung
- Schutz der Umwelt vor Belastungen durch Reinigung und Pflege, z.B. Staub, CO_2 und Boden- und Wasserverunreinigungen
- Schutz von Kunden und Mitarbeitern vor gesundheitlichen Beeinträchtigungen, z.B. Allergien
- Kosteneinsparungen (Senkung Wasserverbrauch, Stromreduzierung)
- Sichere Lagerung von Reinigungsmitteln Reduzierung der Transporte
- Nutzung von ökologisch zertifizierter Chemie, Papier, Textilien etc.

22

Abb. 7.7 Screenshot einer als Bildschirmschoner eingesetzten Präsentation. (Quelle: Wisag)

Dokumente als vielmehr Geschichten („aus dem Leben gegriffen") zu kommunizieren. Wie ein Mitarbeiter es sagte: *„Es ist wichtiger Menschen zu treffen, die einem etwas erzählen, als Zahlen vorzulegen."*

Sicht der Mitarbeiter auf die CSR-Aktivitäten der WISAG

Bei der durchgeführten Mitarbeiterbefragung stellte sich heraus, dass die Befragten eine überdurchschnittliche Bindung an ihren Arbeitgeber aufweisen. Das ist angesichts des eher schwierigen Branchenimages des Facility Managements im Allgemeinen und der Reinigungs-Branche im Besonderen bemerkenswert. Die meisten der befragten Mitarbeiter sind sehr zufrieden mit der WISAG. Insgesamt zeigen Mitarbeiter mit Führungsverantwortung eine etwas höhere Bindungsintensität als Personen, welche formal ohne Führungsverantwortung bei der WISAG beschäftigt sind.

Viel Wert legten die Befragten auf den Aspekt „Arbeitsklima". Auch der eigene Handlungsspielraum und die Eigenverantwortlichkeit bei der Arbeit sowie die Möglichkeiten zur Weiterbildung im Unternehmen sind WISAG-Mitarbeitern besonders wichtig. Neben allgemeinen Arbeitsplatz-bezogenen Kriterien spielen Aspekte der Mitarbeiter-CSR für die Befragten eine große Rolle. Zu nennen sind hier die eigene Karriereentwicklung, Arbeitsplatzsicherheit, Sozialleistungen sowie faire Behandlung und Bezahlung aller Mitarbeiter, aber auch die Integration von Stakeholder-Interessen.

Zusammenhang zwischen CSR Aktivitäten, Kommunikation und Zufriedenheit
In Abb. 7.8 sind die Zusammenhänge zwischen den jeweils gemessenen CSR bezogenen Größen zu sehen. Erkennbar ist eine über alle Bereiche hinweg gleichmäßig ausgeprägte Zufriedenheit (grün) mit der CSR-Performanz des Unternehmens. Auch bei der WISAG ist die mitarbeiterbezogene Verantwortung für Mitarbeiter mit Abstand am Wichtigsten. Die Umwelt-CSR ist zwar weniger relevant als die meisten anderen CSR-Bereiche – aber für WISAG Mitarbeiter wichtiger als für Mitarbeiter von Leonardo oder der BIM. Hinsichtlich der Wahrnehmung der CSR-Performanz fallen die Unterschiede zwischen der Einschätzung aus Unternehmens- und aus Mitarbeitersicht (rot) im Bereich Unternehmensführung und Umwelt auf. Eine mögliche Erklärung dafür könnte die vergleichsweise hohe, interne Kommunikationsintensität zu diesen Themen bieten. Im Umkehrschluss wäre es einen Versuch wert, durch eine Erhöhung der Kommunikation über Aspekte der Mitarbeiter-CSR im Unternehmen die Wahrnehmung der Performanz und damit möglicherweise auch die Zufriedenheit in diesem Bereich zu erhöhen.

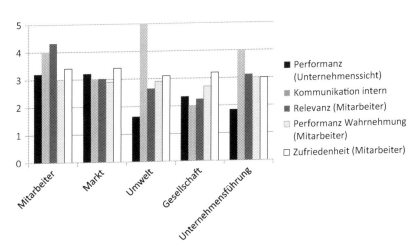

Abb. 7.8 WISAG – Zusammenhang von CSR-Performanz, -Kommunikation (intern) und Mitarbeitersicht der CSR

Zusammenfassung und Schlussfolgerungen

CSR ist für (zukünftige) Mitarbeiter grundsätzlich wichtig- allerdings gilt dies für allem für mitarbeiterbezogene CSR Maßnahmen. Eine Reihe von klassischen CSR-Bereichen (z. B. ökologische und gesellschaftsbezogene Verantwortung) hat im Vergleich zu anderen Arbeitgeber- und Arbeitsplatzattributen eine untergeordnete Bedeutung – und trägt auch nur unwesentlich zur Mitarbeiterbindung bei.

Es gibt einige wenige Arbeitgeberattribute, die den Großteil der Arbeitnehmer besonders anziehen. Diese sind für Mitarbeiter Arbeitsklima, Zukunftsfähigkeit sowie Stabilität und für Studierende Arbeitsklima, Work-Life-Balance sowie Fairness des Arbeitgebers.

Allerdings weisen zukünftige Arbeitnehmer durchaus unterschiedliche Präferenzprofile auf. Dabei gibt es ein Segment von Arbeitssuchenden, für welches soziale und ökologische Themen eine herausragende Rolle spielt. Dieses Segment umfasst 32 % der Befragten. Im Vergleich zu 24 % der Studierenden im Segment der „Karrierebewussten" und 44 % im Segment der „Sicherheitsorientierten" ist das Segment der sozial und ökologisch Verantwortlichen hervorzuheben. Für diese „sozial-ökologisch Verantwortlichen" ist von einer besonderen Bindungs- und Identifikationswirkung aller CSR-Bereiche auszugehen.

Die Untersuchung zeigt, dass die Relevanz von CSR mit dem Wissen um CSR korreliert sowie mit dem vorherigen Engagement der Befragten in sozialen oder ökologischen Projekten. Es ist daher davon auszugehen, dass die positive Wirkung von CSR auf Mitarbeiter durch die Vermittlung von Wissen und Information über CSR sowie die Integration von Mitarbeitern in CSR-Projekte gestärkt werden kann.

Unternehmen bemühen sich zunehmend, CSR in ihre Unternehmenstätigkeiten zu integrieren. Nichtsdestotrotz gibt es deutliche Unterschiede hinsichtlich der CSR-Performanz in den verschiedenen CSR-Bereichen. Auch ist CSR (noch) kaum ein Thema bei der Positionierung von Unternehmen als Arbeitgeber, zum Beispiel auf Karriereseiten oder in Stellenprofilen.

© Springer Fachmedien Wiesbaden GmbH 2018
S. Bustamante et al., *Bedeutung von CSR für die Arbeitgeberattraktivität*, essentials, https://doi.org/10.1007/978-3-658-20297-2_8

Tatsächlich ist das Wissen über die CSR Präferenzen der Angestellten oder zukünftigen Mitarbeiter begrenzt. Die Wichtigkeit ausgewählter Attribute in der Dimension „Unternehmensführung" (insbesondere „Transparenz") wurde von einigen Unternehmen unterschätzt. Dies führt mitunter dazu, dass die Intensität der Kommunikation hinsichtlich der verschiedenen CSR Themenfelder nicht mit der Relevanz dieser Themen für Mitarbeiter abgestimmt ist.

Eine eindeutige Beziehung zwischen der tatsächlichen CSR Leistung von Unternehmen, der Kommunikation dieser Leistung und der Zufriedenheit der Mitarbeiter ist bei den untersuchten Unternehmen nicht zu beobachten. Häufig bestimmt die Wichtigkeit bestimmter CSR-Aspekte für die Mitarbeiter, wie Performanz und Kommunikation auf die Wahrnehmung durch die Mitarbeiter und die Zufriedenheit wirken.

Die Kenntnis der Präferenzen von Angestellten und potenziellen Mitarbeiter ist sicher entscheidend, um strategische und operative CSR-Maßnahmen richtig planen und umsetzen. Letztlich besteht aber auch eine Verantwortung von Unternehmen darin, Mitarbeiter für CSR zu begeistern, sie zu involvieren und so die Identifikation der Mitarbeiter mit dem eigenen Unternehmen zu stärken.

Was Sie aus diesem *essential* mitnehmen können

- CSR unterstützt potenziell die Identifikation von Mitarbeitern mit ihrem Arbeitgeber – und damit auch die Mitarbeiterbindung
- CSR hat unterschiedliche Dimensionen, die für Mitarbeiter unterschiedlich relevant sind
- Mitarbeiterbezogene Verantwortung ist ein entscheidender Aspekt für die Beurteilung der Arbeitgeberattraktivität
- Sozio-ökologische Aspekte der Unternehmensverantwortung spielen nur für einen Teil von (potenziellen) Mitarbeitern eine wesentliche Rolle
- Es gibt klar unterscheidbare Segmente von Arbeitssuchenden mit unterschiedlichen Präferenzprofilen
- Die Wichtigkeit ausgewählter CSR Attribute wird von einigen Unternehmen unterschätzt – Gestaltung und Kommunikation von CSR Maßnahmen spiegeln Mitarbeiterpräferenzen nur bedingt wieder.

© Springer Fachmedien Wiesbaden GmbH 2018
S. Bustamante et al., *Bedeutung von CSR für die Arbeitgeberattraktivität,*
essentials, https://doi.org/10.1007/978-3-658-20297-2

Literatur

Albinger, H. S., & Freeman, S. J. (2000). Corporate social performance and attractiveness as an employer to different job seeking populations. *Journal of Business Ethics, 28*(3), 243–253. https://doi.org/10.1023/A:1006289817941.

Allen, N. J., & Meyer, J. P. (1990a). The measurement and antecedents of affective, continuance and normative commitment to the organization. *Journal of Occupational Psychology, 63*(1), 1–18. https://doi.org/10.1111/j.2044-8325.1990.tb00506.x.

Allen, N. J., & Meyer, J. P. (1990b). The measurement and antecedents of affective, continuance and normative commitment to the organization. *Journal of Occupational Psychology, 63*(1), 1–18. https://doi.org/10.1111/j.2044-8325.1990.tb00506.x.

Backhaus, K. B., Stone, B. A., & Heiner, K. (2002). Exploring the relationship between corporate social performance and employer attractiveness. *Business & Society, 41*(3), 292–318. https://doi.org/10.1177/0007650302041003003.

Baumgarth, C., & Binckebanck, L. (2011). CSR-Markenmanagement – Markenmodell und Best-Practice-Fälle am Beispiel der Bau- und Immobilienwirtschaft. Working Papers of the Institute of Management (IMB) (No. 62), Berlin School of Economics and Law. http://www.mba-berlin.de/fileadmin/user_upload/MAIN-dateien/1_IMB/Working_Papers/2011/WP_62_online.pdf. Zugegriffen: 3. Aug. 2015.

Becke, G. (2008). *Soziale Erwartungsstrukturen in Unternehmen. Zur psychosozialen Dynamik von Gegenseitigkeit im Organisationswandel.* Berlin: Edition Sigma (Univ., Habil.-Schr. u.d.T.: Becke, Guido: Soziale Erwartungsstrukturen in Prozessen der Unternehmenstransformation–Bremen).

BMAS. (2011). *Die DIN ISO 26000. „Leitfaden zur gesellschaftlichen Verantwortung von Organisationen" – Ein Überblick.* Bonn: BMAS.

Brammer, S., Millington, A., & Rayton, B. (2007). The contribution of corporate social responsibility to organizational commitment. *The International Journal of Human Resource Management, 18*(10), 1701–1719. https://doi.org/10.1080/09585190701570866.

Branco, M. C., & Rodrigues, L. L. (2006). Corporate social responsibility and resource-based perspectives. *Journal of Business Ethics, 69*(2), 111–132. https://doi.org/10.1007/s10551-006-9071-z.

Bundesregierung. (2010). Nationale Strategie zur gesellschaftlichen Verantwortung von Unternehmen (Corporate Social Responsibility – CSR) – Aktionsplan CSR – der Bundesregierung. Bonn: Bundesregierung.

© Springer Fachmedien Wiesbaden GmbH 2018
S. Bustamante et al., *Bedeutung von CSR für die Arbeitgeberattraktivität*, essentials, https://doi.org/10.1007/978-3-658-20297-2

Bustamante, S. (2014). CSR, trust and the employer brand. In J. Reichel (Hrsg.), *CSR trends. Beyond business as usual* (S. 71–89). Łódź: Centrum Strategii i Rozwoju Impact (CSR Impact). http://www.csrtrends.eu/wp-content/uploads/2015/04/CSR_Trends_ISBN_978-83-932160-5-5.pdf. Zugegriffen: 30. Juli 2015.

Bustamante, S. (2015). Teaching ethics in human resources management. In Kemi Ogunyemi (Hrsg.), *Teaching Ethics Across the Management Curriculum. A Handbook for International Faculty*. New York: Business Expert.

Bustamante, S., & Brenninger, K. (2014). CSR and its potential role in employer branding. An analysis of preferences of German graduates. In R. J. Baumgartner, U. Gelbmann & R. Rauter (Hrsg.), *Making the number of options grow. Contributions to the corporate responsibility research conference 2013* (S. 31–54). Graz (W. Winiwarter; U. Gelbmann, and R.J. Baumgartner, Series Eds., ISIS reports #6).

Carroll, A. B., & Shabana, K. M. (2010). The business case for corporate social responsibility. A review of concepts, research and practice. *International Journal of Management Reviews, 12*(1), 85–105. https://doi.org/10.1111/j.1468-2370.2009.00275.x.

Cavaco, S., & Crifo, P. (2014). CSR and financial performance. Complementarity between environmental, social and business behaviours. *Applied Economics, 46*(27), 3323–3338. http://content.ebscohost.com/ContentServer.asp?T=P&P=AN&K=96732512&S=R&D=bsu&EbscoContent=dGJyMNXb4kSep7c4v%2BbwOLCmr0%2BeprVSs624Sb GWxWXS&ContentCustomer=dGJyMPGnr0izq7JQuePfgeyx43zx. Zugegriffen: 19. Apr. 2017.

Chang, T., & Lin, H. (2008). A study on service employees' customer-oriented behaviors. *Journal of American Academy of Business Cambridge, 13*(1), 92–97.

Dick, R. van. (2004). *Commitment und Identifikation mit Organisationen*. Göttingen: Hogrefe.

Ditlev-Simonsen, C. D. (2012). The relationship between Norwegian and Swedish employees' perception of corporate social responsibility and affective commitment. *Business & Society, 54*(2), 229–253. https://doi.org/10.1177/0007650312439534.

Eby, L. T., Freeman, D. M., Rush, M. C., & Lance, C. E. (1999). Motivational bases of affective organizational commitment: A partial test of an integrative theoretical model. *Journal of Occupational and Organizational Psychology, 72*(4), 463–483.

eco – Verband der Internetwirtschaft e. V. (2016). CSR ist neuer Trend beim Employer Branding. https://www.eco.de/2016/pressemeldungen/csr-ist-neuer-trend-beim-employer-branding.html. Zugegriffen: 19. Dez. 2016.

Enactus e. V., SVI-Stiftungslehrstuhl für Marketing der HHL Leipzig Graduate School of Management (Mitarbeiter). (2014). Enactus-Studie 2014. Das Arbeitgeberwahlverhalten der Generation Y. Eine werteorientierte Analyse unter besonderer Berücksichtigung des Sinns der Arbeit. Executive Summary. http://www.upj.de/fileadmin/user_upload/MAIN-dateien/Infopool/Forschung/enactus_gy-summary_2014.pdf. Zugegriffen: 23. Juli 2016.

Europäische Kommission. (2001). Europäische Rahmenbedingungen für die soziale Verantwortung der Unternehmen. KOM(2001) 366 endgültig. http://www.europarl.europa.eu/meetdocs/committees/deve/20020122/com%282001%29366_de.pdf. Zugegriffen: 3. März 2017.

Europäische Kommission. (2011). Eine neue EU-Strategie (2011–14) für die soziale Verantwortung der Unternehmen (CSR). KOM (2011) 681 endgültig. http://www.csr-in-deutschland.de/fileadmin/user_upload/Downloads/ueber_csr/CSR-Mitteilung/Mitteilung_der_Kommission.pdf. Zugegriffen: 3. März 2017.

European Commission. (Hrsg.). (2008). Commission staff working document. accompanying document to the communication from the commission on the European competitiveness report 2008, COM (2008) 774 final, Brüssel.

Evans, R. W., & Davis, W. D. (2011). An examination of perceived corporate citizenship, job applicant attraction, and CSR work role definition. *Business & Society, 50*(3), 456–480. https://doi.org/10.1177/0007650308323517.

Gardberg, N. A., & Fombrun, C. J. (2006). Corporate citizenship: Creating intangible assets across institutional environments. *Academy of Management Review, 31*, 329–346.

Göbel, E. (2006). *Unternehmensethik. Grundlagen und praktische Umsetzung (Grundwissen der Ökonomik, 2797: Wirtschaftswissenschaften)*. Stuttgart: Lucius & Lucius.

Hansen, U., & Schrader, U. (2005). Corporate Social Responsibility als aktuelles Thema der Betriebswirtschaftslehre. *Die Betriebswirtschaft, 65*(4), 373–395.

Hansen, S. D., Dunford, B. B., Boss, A. D., Boss, R. W., & Angermeier, I. (2011). Corporate social responsibility and the benefits of employee trust. A cross-disciplinary perspective. *Journal of Business Ethics, 102*(1), 29–45. https://doi.org/10.1007/s10551-011-0903-0.

Khan, M., Serafeim, G., & Yoon, A. (2015). *Corporate sustainability. First evidence on materiality* (Working paper/Harvard Business School, 15-073). Boston: Harvard Business School.

Kim, H.-R., Lee, M., Lee, H.-T., & Kim, N.-M. (2010). Corporate social responsibility and employee-company identification. *Journal of Business Ethics, 95*(4), 557–569. https://doi.org/10.1007/s10551-010-0440-2.

Kim, S.-Y., & Park, H. (2011). Corporate social responsibility as an organizational attractiveness for prospective public relations practitioners. *Journal of Business Ethics, 103*(4), 639–653. https://doi.org/10.1007/s10551-011-0886-x.

Kristof, A. L. (1996). Person-organization fit: An integrative review of its conzeptualizations, measurement, and implications. *Personnel Psychology, 49*(1), 1–49.

Loew, T., & Clausen, J. (2010a). *Wettbewerbsvorteile durch CSR. Eine Metastudie zu Wettbewerbsvorteilen von CSR und Empfehlungen zur Kommunikation an Unternehmen*. Borderstep Institut : Hannover.

Loew, T., & Clausen, J. (2010b). Wettbewerbsvorteile durch CSR. Eine Metastudie zu den Wettbewerbsvorteilen von CSR und Empfehlungen zur Kommunikation an Unternehmen, Institute for Sustainability. http://www.4sustainability.de/fileadmin/redakteur/bilder/Publikationen/Loew-Clausen-2010-Wettbewerbsvorteile-durch-CSR-Gutachten-fuerBMAS.pdf. Zugegriffen: 23. Juli 2015.

Luchak, A. A., & Gellatly, I. R. (2007). A comparison of linear and nonlinear relations between organizational commitment and work outcomes. *Journal of Applied Psychology, 92*(3), 786–793.

Meyer, J. P. & Allen, N. J. (1997). *Commitment in the workplace: Theory, research, and application (Advanced topics in organizational behavior)*. Thousand Oaks: Sage.

Meyer, J. P., Stanley, D. J., Herscovitch, L., & Topolnytsky, L. (2002). Affective, continuance, and normative commitment to the organization. A meta-analysis of antecedents, correlates, and consequences. *Journal of Vocational Behavior, 61*(1), 20–52. https://doi.org/10.1006/jvbe.2001.1842.

Nijhof, A., & Srnka, K. J. (1999). Sozial verantwortliches Handeln – Eine Besinnung auf die Motive der Manager. In H. Nutzinger (Hrsg.), *Kritik einer neuen Generation*, DNWE Schriftenreihe (S. 229–239). München: Hampp.

Petkovic, M. (2008). *Employer branding. Ein markenpolitischer Ansatz zur Schaffung von Präferenzen bei der Arbeitgeberwahl* (Hochschulschriften zum Personalwesen, Bd. 37, 2. Aufl.). München: Hampp.

Porter, M. E. (1980). *Competitive strategy: Techniques for analyzing industries and competitors with a new introduction.* New York: Free Press.

Porter, M. E., & Kramer, M. R. (2011a). Creating shared value. How to reinvent capitalism – And unleash a wave of innovation and growth. *Harvard Business Review, 89*(January/February), 63–70.

Porter, M. E., & Kramer, M. R. (2011b). Creating shared value: redefining capitalism and the role of the corporation in society. *Harvard Business Review, 89*(1/2), 62–77.

Rupp, D. E., Ganapathi, J., Aguilera, R. V., & Williams, C. A. (2006). Employee reactions to corporate social responsibility: An organizational justice framework. *Journal of Organizational Behaviour, 27,* 537–543.

Sen, S., & Bhattacharya, C. B. (2001). Does doing good always lead to doing better? Consumer reactions to corporate social responsibility. *Journal of Marketing Research, 38*(2), 225–243.

Sen, S., Du, S., & Bhattacharya, C. B. (2009). Building relationships through corporate social responsibility. In D. J. MacInnis, C. W. Park, & J. W. Priester (Hrsg.), *Handbook of Brand Relationships* (S. 195–211). Hoboken: Taylor and Francis.

Spence, M. (1973). Job market signaling. *Quarterly Journal of Economics, 87*(3), 355–374.

Süß, S. (2007). Die psychologische Beziehung zwischen Unternehmen und freien Mitarbeitern: Eine empirische Untersuchung des Commitments und der arbeitsbezogenen Erwartungen von IT-Freelancern. Disskussionbeiträge der Fakultät Wirtschaftswissenschaft der FernUniversität in Hagen (Nr. 45).

Tajfel, H., & Turner, J. C. (1986). The social identity theory of intergroup behaviour. In S. Worchel & W. G. Austin (Hrsg.), *Psychology of intergroup relations* (2. Aufl., S. 7–24). Chicago: Nelson-Hall.

Turker, D. (2009). How corporate social responsibility influences organizational commitment. *Journal of Business Ethics, 89*(2), 189–204. https://doi.org/10.1007/s10551-008-9993-8.

Printed in the United States
By Bookmasters